まつり84号　目　次　特集　まつり同好会六十周年記念

JN083298

まつり同好会　六十年のアルバム

写真１　名古屋市内の田中医院内で民俗資料に囲まれて和む田中初代代表

写真2　本田安次氏(写真左)と共に南信「大河内の霜月祭り」に行く途中で奥三河・古戸の神楽屋敷伊藤家を訪れた田中初代代表(写真右)（1980年代)

写真3　田中初代代表を中心とした田中医院での勉強会のひとこま（1980年代）

写真4　田中医院での懇親会の集合写真

写真5　懇親会風景
（名古屋市内）

写真6　田中医院で勉強会後の懇談

S62.6.7　第18回東海民俗研究発表会　於南山大学

写真7　「第18回東海民俗研究発表大会（1987年・於南山大学）」参加メンバーの集合写真　まつり同好会会員も多数

写真8　「まつり同好会40周年記念・田中義廣先生の傘寿を祝う会（2001年）」を祝う田中初代代表と会員ならびに駆けつけた尾張萬歳の人達(その1)

写真9　「まつり同好会40周年記念・田中義廣先生の傘寿を祝う会（2001年）」(その2）会場は名古屋シャンピアホテル

写真10　「まつり同好会40周年記念・田中義廣先生の傘寿を祝う会（2001年）」（その3）

写真11　平成23年度民俗芸能学会大会（2011年）において「まつり同好会」が本田安次特別賞を授与される

写真12　「民俗芸能学会大会」と合同開催した「まつり同好会50周年記念大会(2011年・於新城観光ホテル)」での鷲野第二代代表の大会会長挨拶

写真13　「民俗芸能学会」との共同開催の50周年記念大会において東三河民俗芸能の実演鑑賞風景

巻頭言

民俗芸能研究の六十年を振り返って

坂本　要

まつり同好会は設立から六十年が経ちました。これを機に民俗芸能研究の六十年を振り返ってみましょう。まつり同好会は一九六〇年に国際アートコンパニオンの活動の中で生まれ、翌一九六一年には正式に「まつり同好会」となり二月に「まつり通信」第一号を、六月には機関誌『まつり』を発行しています。この年の民俗学の状況を見てみると柳田国男の最後の書『海上の道』が出版され、翌一九六二年一月に『定本柳田国男集』刊行が開始され、八月には柳田自身が亡くなっています。柳田自身とその弟子達の活動もここでひと区切りがつき、『定本』の刊行により、柳田民俗学の全貌と客観化が始まったと言えます。民俗学外からの評価、これは賛否両論がありましたが、この年を契機に柳田論争や、民俗学への注目が集まり、一九七〇年代のブームともいえる民俗学の興隆が始まります。

民俗芸能の研究も一九六二年に財団日本青年館が「民俗芸能友の会」を発足し、雑誌『民俗芸能』を発行しました。一九六三年に林屋辰三郎を中心にした藝能史研究会が発足し『藝能史研究』が刊行されました。（ちなみに民俗芸能学会は一九八四年に設立し、一九八五年に『民俗芸能研究』を発刊しています。）

一九六五年『折口信夫全集』・一九六七年『宮本常一著作集』・一九七一年『早川孝太郎全集』と民俗関連の全集が刊行され『伝統と現代』（伝統と現代社）『歴史公論』（雄山閣出版）などで民俗学のテーマごとの特集などが組まれました。まつり同好会の『まつり』も特集を組み、その研究興隆の一翼を担ったと言えます。特に沖縄南島関連の特集に力点が置かれました。本誌巻末に掲載した総目次を見てもそうそうたるメンバーが執筆し、当時の熱気が伝わってきます。

この六〇年の間、研究が進み、白山《しらやま》儀礼に花祭り神楽の発生を見るなど問題解決に近づいたものもありますが問題提起されながら、決着の見ないままになっているものもあります。次の「やすらい花」の問題もそのひとつです。

・「やすらい花」論争

現在私は傘と傘ブクの問題を追っています。祭礼の傘は京都の「やすらい花」に始まるといいますが、このことを廻って河音能平と山路興造との間で論争がありました。

川音能平の論文は「やすらい花祭の成立」として『日本史研究』No.137/138(日本史研究会1975)に発表しました。この論文は「ヤスライハナの成立」として『中世封建社会の首都と農村』（東京大学出版1984）に再録されています。山路興造はこの論を受けて『京都のやすらい花』（芸能史研究会1981）の中で「やすらい花の歴史と芸態」を書き、さらに『京都　芸能と民俗の文化史』（思文閣出版2009）に「やすらい花考」としてまとめています。

河音氏の論考は二回の連載で四〇〇字二〇〇枚を超える長大なものです。綿密を極め、外堀から埋めるようにして仁平四年（久寿元年　一一五四）四月に起こった「夜須礼」の踊りを史料批判しながら、当時の社会、政治状況下での「やすらい花」の発生を解いています。これを「事件」即ち一回性の出来事としています。山路氏の解説によると「河音氏は（やすらい花の踊りが）舞楽に使用する貴徳の面を用いている事や囃子の楽が素人臭い田舎びた音調ではなく、専門家が創作した尋常ではない音律と解釈できる事などから、大内の楽所の楽人が関係していると考え、当時の政治的背景を詳細に考察している。その結果この時のやすらい花が、藤原家の氏の長者頼長の初度の加茂詣を阻止しようと関白忠通など、反頼長派寄って企てられたものと考察するのである。」（「やすらい花考」p201～02）と川音氏の論をまとめています。事件の経緯や史料の扱いについては大方賛意を示しますが、次のような点を指摘します。

山路氏は、まず「やすらい花」を五つに分けます。①風流の花を差し上げた傘・②魚口の貴徳の面を着け、赤い赤垂れを首に着け、十二月の鬼やらいの鬼のような姿をした「悪気」③胸に羯鼓を付け、子供の着る半尻（小狩衣）を着た童子数人。④歌・笛・太鼓・摺り鉦・手拍子などによる囃子方。⑤歌われた歌謡。今様「美濃田歌」の転用の五つの要素からなるとしています。

①については風流傘を疫神の神座として囃しを奏して送るのは、この時に始まったのではなく民間の疫神送りの一般形態ではなかったかとしています。「年中行事絵巻」の風流傘等の事例を引き合わせています。②については貴徳面を着けた鬼が宮中の追儺（鬼やらい）からの転用である可能性を認めながらも、笛太鼓等の囃子は古くからの民俗の心意に基づく神送りの習俗ではないかとしています。③の羯鼓をつけた童子は童形姿の小舎人童子を示唆しながら「どうみても風流系芸能に登場する姿」としています。④の囃子は①～③の項に述べられています。⑤については賛意を示しこの時にできた「政治的意図による創作芸能」であろうとしています。ただ「この芸能の根底には、それ以前の疫神送りの芸能の要素が濃厚に存在しなければな

らなかったはずである。」としています。

またこのヤスライ花が二年後に復活し、高尾山神護寺の法華会に行われたことについて、川音氏は藤原通憲（信西）による「やすらい花」を国家行事に組み入れようという政策の一環であるとして事件として説明しています。それに対し山路氏は「意図的に作られた芸能は一回性のものでしかありえず、恒例化されないというのが芸能史の常識からすれば、今日なお加茂の住民によって「やすらい花」が伝承されていることは大きな矛盾である。」としています。

長く引用しましたが、この二人の相異は深い問題をはらんでいます。歴史学と民俗学の視点の違いでもあり、民俗を歴史とみるか否かの問題でもあります。川音氏が執拗にヤスライ花を事件化し当時の社会情勢、政治情勢の一環として解釈・説明する論に対して、山路氏は芸態の面から「民間の一般形態」「芸能の根底」「民俗の心意」という語を用いて「それ以前」「それ以降の現在に至るまで」の時間のスパン（尺度）を長く採り、他所の類似例など空間的にも広がりをもたせることによって、反論しています。

次に傘と傘ブクについて検討して見ます。

・傘と傘ブクをめぐって

傘ブク・傘鉾については『まつり』No.81（2019年）で「笠鉾と吊り下げもの」の特集を組んでいただきました。特集の時「笠鉾・傘ブク」の名はあまり注目されていませんでしたが、この特集もあり、全国からの事例や史料がだいぶ集まるようになりました。研究も少しずつ進展しています。若干書き加えながら起源の部分を再録します。

傘鉾の起源については、鉾祭りとして行われていた祇園祭の鉾と傘が合体したものといわれる。鉾は長刀や真木となって曳き山に立てられ山鉾と称されるようになる。しかし元は御霊神社の鉾祭りのような鉾を先頭に練り歩く行事であったとされる。この鉾が風流化して山鉾になる。すでに南北朝時代頃には風流化された山はあったとされる。

傘鉾の起源には鵲（かささぎ）鉾説として以下のような論がある。『師守記《もろもりき》』貞和五年（一三四九）の記事に「今年笠鷺鉾《かささぎほこ》これなし」とある。この時代にカサギホコという造り物があったという事になる。時代は下るが一五世紀後半に書かれた『尺素往来』には「祇園の御霊会、今年、ことに結構、山崎の定鉾《しずめ》、大舎人《おおとねり》の鵲鉾、処々の跳《は》ね鉾、家々の笠車、風流の造り山、八撥《はっぱち》、曲舞、在地の所役、さだめて神慮かなうか」とある。個々の詳細は論じないが「鵲鉾」の語がある。「笠鷺」は「鵲」の事ではないかとされる。「鵲鉾」は吉鳥である鵲を飾る山鉾であるのだが、当時の知識ではそれが分からず傘と鷺の造り物と考え、傘の上の鷺を載せ「笠鷺鉾」とした。この鉾のまわりを鷺が舞って囃す鷺舞があるが、その歌詞は「雨の中、鷺も傘をさして橋を渡りたいだろうに」ぬれまいとして傘をさした鷺が橋を渡ることにかけて男女の逢瀬の思いを歌ったものとされる。造り物に太鼓橋と鷺と傘が大傘の上にある。京都の祇園祭では早くにこの笠鷺鉾と鷺舞はなくなったが、鷺舞は津和野の城下町に伝わっている。当時柄のついた大傘はなく被り笠の漢字を使用していた。笠鷺鉾の図は『月次祭礼図模本』に描かれているが、このように鵲鉾が笠鷺鉾と誤用され傘鉾になったとする説である。

傘鉾の語は明応九年（一五〇〇）の『祇園会山鉾記』の「かさほく」「かさはやし」を初見とする。この時までには囃子物としての傘は定着したものと思われる。

この（鵲鉾→笠＋鷺＋鉾）説は段上達夫「笠鉾・風流傘の誕生2―風流傘と鵲鉾―」（別府大学紀要№55・2014）山路興造「風流系芸能における「囃子物」の位置付け―島根県津和野野栄神社鷺舞を中心に―」（『民俗芸能』№99・2019）に詳しく論じています。

これは当時の誤解か誤読もしくは駄洒落によって鷺の作り物を載せた風流傘が登場したことになりますが、これも偶然の一回性の事件といえましょう。

それ以前の鉾(真木)に傘が付き傘鉾となり、その後傘鉾は造り物や吊り下げ物、幔幕を伴いながら、祭礼や盆行事・小正月行事他に広がっていきます。これも傘や鉾の依り代的機能、傘や鉾が神座となるという、より広い視野からの解釈・民衆の意識を前提としないと、、その広がりや継続性は理解できないと考えられます。

段上達夫氏は「傘鉾・風流傘の誕生」の前に「きぬがさ1―傘鉾と風流傘の誕生―」（『別府大学大学院紀要』№13・2011）「きぬがさ2―古代王権と蓋―」（『別府大学大学院紀要』№13・2012）「きぬがさ3―復活する祭礼の蓋―」（『別府大学大学院紀要』№15・2013）を書いています。傘もしくは笠そのものの始原と象徴的機能を探っています。中国の華蓋《けがい》やインドのストゥーパ・日本古代のきぬがさ・大嘗祭の菅蓋《かんがい》に王権の象徴を見ています。古くはエジプトにまでさかのぼると思われますが、王を覆う日傘状のものにはその下の空間に王や神がいる聖なる異空間であること、差し出された傘が天や神の居場所に通じていることなどを表しているとされます。祭礼ではこれが山鉾や傘鉾になっていきます。

要するに歴史的には偶然の所産、一回性の事件として現れても、時間の尺度を長いものに変えて見ると別の意味、これは永く培われた集合的意識とでもいうことかもしれませんが、現われてくるということです。この意識も変化しないのではなく、長い時間ではゆっくりと変化していくものと考えられます。

・民俗学批判の風潮

話を民俗芸能研究の六〇年に戻します。一九八〇年代は常民論など柳田国男のとらえ直しや都市民俗・仏教民俗と新分野への開拓などが学会をにぎわせましたが、一方柳田民俗学の限界や相対化が進められのもこの頃です。

その頃、大月隆寛の『民俗学という不幸』（青弓社1992）や橋本裕之『民俗芸能研究という神話』（森話社2007）のように研究そのものへの疑義や批判がでてきました。特に後者は一九九〇年に民俗芸能学会に対抗して結成した「第一民俗芸能学会」という若手研究者で、このグループの成果は『課題としての民俗芸能研究』（ひつじ書房1993）としてまとめられています。その後橋本氏の主張は『民俗芸能研究という神話』にまとめましたが、八〇年代以降の若手研究者に影響を与え、研究視点を変えさせたと思われます。その主張は多岐にわたり、根源的な問題を含むのですが、橋本氏なりのまとめを参考に並べてみると、次の四点です。①民俗芸能研究を思想史としてとらえ相対化する。②民俗芸能研究に解釈学（研究の認識論的前提）的検討を加える。③個々の民俗芸能の発生の場をとらえる。④民俗芸能研究に近代・現在の状況を加える。（『課題としての民俗芸能研究』p15～16）③④は連動してるようにみえます。氏の主張で民俗芸能は過去のものではなく現在でも発生しつづけている。近代社会で起こっている現象としてとらえるという立場に立っています。①②は当時衝撃を与えました。研究者としての立ち位置を考える機会になった思います。もう一つ重要なのは橋本氏の主著である『王の舞の民俗学的研究』（ひつじ書房1997）の方法でもあり主張でもあった、民俗芸能の身体と個の領域への言及があります。これは芸能とは何かの問題にかかわりますが芸能とは身体技法であり、個人技であるという視点から見直すというという主張です。八〇年代以降の論ではこの視点によってダイナミックに民俗が変わっていく様子をみる、現在の芸能から民俗をみるという方向が出てきたと思います。また各種個別の報告にも必ず近代での変化が述べられるようになったと思います。

しかし民俗学は現在起こっている流行現象に従来の民俗的解釈をかぶせてしまうとか、、レッテルを貼ってしまうという安易な方法が横行したのも事実です。そのことについて福田アジオは『民俗学のこれまでとこれから』(岩田書院2014)の中で一九九〇年から二〇一〇年までの二〇年間の民俗学を「退廃現象」というきびしい言葉で非難しています。分析なしの現象記述と歴史主義への反発の二点を挙げています。分析なしの現象記述は社会学でも起こっていたと言います。歴史主義への反発は大月隆寛や橋本裕之の主張にもみられますが、民俗学の起源論的言及のあいまいさは従前から指摘されていたと思います。ただし福田アジオは「柳田は起源より変化を追ったのだ」としています。以上に続いて福田氏は次のように述べています。

今までの民俗学は現在の事象からタイムスパンとして長い時間のなかの歴史的な展開を明らかにするということ、それが結果的に現在を理解することになるわけだけれど、そういうものを消してしまったときに、いったい何を明らかにしようとしているのかということです。民俗というのは、もともとそういう歴史とか過去を背負った事象として認識したから民俗なのです。そういうのがなければただの生活でいいのです。文化でいいのです。生活や文化というものをあえて民俗と認識し、民俗学という方法でやったのは、現在の暮らし現在の生活中に、経験を超えた歴史的展開の結果があるからだということにあったわけです。その点を消してしまえば、もう民俗という言葉自体を使う必要も資格もないだろうと思います。あるいは民俗学という言葉を使う必要もないのではないかということになると思います。(『民俗学のこれまでとこれから』p31)

このあとに「民俗学は不滅ではない。歴史的に民俗学が消えていくこともある。」として「この二十年間の民俗学の延命策としての様々な試みがかえって民俗学の性格と民俗というものを怪しげなものにしてしまうのではないかということにあります」と結んでいます。

誤解のないように言いますが、橋本氏の主張は従来の民俗学を批判するものであっても、これからの民俗学を否定するものではなく、言をきびしくした福田氏もこれからの民俗学への提言をしています。

福田氏の言葉の中で民俗学を成立させるものとして「タイムスパンとして長い時間のなかの歴史的な展開」という言葉がキーになります。またやすらい花論争のなかで述べた山路氏の反論を「それ以前」「それ以降の現在に至るまで」の時間のスパン(尺度)を長く採り、他所の類似例など空間的にも広がりをもたせることによって、民俗が見えてくるとしました。そのことをもう少し考えて見ましょう。

・長いスパンの歴史・全体史

福田氏は前掲の本のなかで「民俗学研究の可能性」として「狭義の歴史・広義の歴史」「大文字の歴史・小文字の歴史」と歴史を二つに分けてそこに研究の可能性を考えています。

「狭義の歴史・広義の歴史」は文字資料を用いるか、用いないかで分けられますが結果として文字資料を用いないのが、長いスパンの歴史です。「大文字の歴史・小文字の歴史」の歴史は日常性をとらえるかどうかで、日常性をとらえるのが小文字の歴史で長い時間をかけて変わっていくものの歴史といっています。

このような区分はレヴィストロースの熱い歴史と冷たい歴史を思い浮かべますが、長い歴史を集合的構造、短い歴史を個人的差異ととらえると哲学的には考えられています。歴史はこのように重層化して現在にいたっています。

この重層化の歴史にさらに長いスパンを加える動きも出てきています。昨今の「全何何史」「世界何何史」というような長いスパンを持った「全体史」構想です。これは現在の気候変動を百年・千年単位で考えなければならなくなったこと、これが人間の出現したことによって起こったことなので、人類の出現を地質年代的に人新世《ひとしんせい》として地球規模で考えるということからきています。人類史・人体史・生物進化史の発想が必要になってきます。民俗学がこのような長いスパン歴史が必要かはわかりませんが、文献史学のスパンより長く、考古学よりは短いスパンで人類の全体史に組み込むことが可能だと思われます。

このあいだNHKの「ヒューマニエンス」というシリーズ番組を見ていましたら、「踊り」が人体史の一部として扱われているのに驚きました。特に集団舞踊・群舞は、共感を呼ぶ基本的な動作で特にサークルダンス（輪踊り）は人間としての根源的な意味があり動物との比較も視野入れることも考えられます。人はなぜ歌うのか、なぜ踊るのかは、民俗芸能にとっては大きな問題これからの課題です。民俗芸能はまずは身体の問題だからと言えます。
・東日本大震災について
最後にここ十年の民俗芸能を考えます。それは二〇一一年三月一一日が起点となります。いうまでもなく東日本大震災の日です。今まであった世界が突如消えてしまったということが東北で起こりました。東京でも街頭電気の消えた日がつづきました。それは何十年前に戻った景色を見た思いでしたが、東北の人にとっては近代的な日常生活が崩壊してそれ以前に戻った景色をみたのではないでしょうか。その復興の第一歩で被災者を元気付けたのは神楽等の民俗芸能と花火だったことを覚えています。当時の記録によると神楽は始め死者供養として一早く始められ、被災者の慰労、地域復興の象徴・元気づけと役割が変化していったようです。なにも無くなったところに突如浮びあがったのが民俗としての芸能だったというのは研究者として感激でした。重層化された文化の一番底の部分が現れたともいえましょうか。

六〇年間の民俗芸能研究に紆余曲折ありますが、ここ十年落ち着いてきました。民俗芸能も文化財の保存から地域文化活性への活用が言われるようになりました。この震災後に見た復興時の民俗芸能を思い出しながら研究の新たな出発点にしたいと思っています。

○筆者プロフィール
一九四七年新潟県長岡市生まれ。埼玉大学教養学部文化人類学専攻卒業・東京教育大学大学院文学研究科史学方法論（民俗学）修士課程修了・筑波学院大学名誉教授
おもな著作・編著
『地獄の世界』（編著）渓水社1990・『仏教民俗学大系　第8巻　俗信と仏教』（編著）名著出版1992・『極楽の世界』北辰堂（編著）1997・『両神の民俗的世界』（編著）せりか書房2010・『東国の祇園祭礼―茨城県霞ヶ浦を中心に―』岩田書院2019・『民間念仏信仰の研究』法藏館2019　同書により本田安次特別賞受賞2020

まつり同好会と私

津田豊彦

このごろは歳のせいか、特に昔のことはすべて曖昧になってきてしまっている。

戦後間もないころであったか、名古屋の鶴舞図書館の戦災で焼け残った木造の建物であったように思うが、そこで西洋名画のスライドが上映されていたのを覚えている。後にこれが田中義廣先生のアートコンパニオンであったことを知った。当時は名古屋市大津町の角にアメリカ進駐軍がアメリカ文化を宣伝するためデモクラシーホールを設けて、アメリカで出版する一般雑誌や学術専門誌まで展示、無料で貸し出ししていた。スライドもその一環であった。これも曖昧であるが中区のどこかの教室で、月一回ほど夜間、堀田吉雄、五来重、坪井忠彦などの民俗学の学者、研究者を田中先生が招いて「まつり」の研究会が行われていた。この時、八開村（現愛西市）にお住まいの水谷剣治氏が、農村の生活改善運動の指導で県内の各農村を廻る折、出逢った各地の祭礼や民俗芸能のスライドを上映してくださっていた。これが私の民俗芸能への関心のはじまりであった。いつの間にか田中先生へ近づきを得て、鶴舞の田中先生の医院に出入りさせていただくようになった。待合室には郷土玩具や種々の民芸品があり、これも私の目を楽しませてくれた。さらには、先生御自身もグルメであって、同じ医者である弟さんが北海道で獲った鹿の肉シチューなどを御馳走になることもあった。

ところでいつ私自身、正式にまつり同好会の会員になったのも記憶がないが、『まつり』、『まつり通信』それぞれの一号からあるのは、同会の最初からの会員であったということであろう。

それより田中先生には、しばしば一緒に各所の祭礼につれていただいた。新野の雪祭り、西浦田楽、三沢や月の花祭、三河各所の放下、滝山寺の鬼祭り、参候祭り、あるいは京都の祇園祭など、思い出せばきりがない。

こういった見学会ばかりでなく、田中先生御自身で大償神楽や早池峰神楽を名古屋へ招聘して見せていただいたのも、誠に有難い思い出である。もとより「まつり通信」の祭礼の案内をたよりに、私自身だけでも各所の祭礼の見学には出かけていた。

たまたま、桑名の伊勢太神楽の見学会のおり、私自身、堀田吉雄先生に直接お目にかかることが出来、伊勢民俗学会へ入れていただくことになった。堀田邸での柳田国男の著作書の講読会で伊藤良吉さんや鷲野正昭さんと知り逢うことになった。そして名古屋民俗研究会も参加させていただくことになった。

こんなことから、私自身、日本民俗学の勉強するなか、地方自治体史の民俗部門の調査に加えていただくことが多くなり、担当する部門も生産、生業諸職や信仰関係が多く、民俗芸能とは離れてはいたが、やはり私の日本民俗への関心の発端は民俗芸能であり、ときおり出会う祭礼に奉納される芸能を見ると心がはずむ。

私は今年で卒寿を迎えることになる。すべてが曖昧のなか、確実なことは、田中先生より「まつりの美や心」を多く学ばしていただいたことが、私の人生をいかにも豊かにしていただいたことである。さらには、私の人生を導いてくださった多くの先生方との出逢い、生涯の友人を得たのもすべてその発端をたどれば、田中先生へと通じていく。まつり同好会の六十周年を迎えるにあたって改めて田中先生に感謝申し上げる。

はじめての沖縄旅行

伊藤良吉

一　沖縄へ

子どもの頃から旅行好きだった私は、昭和三十五年（一九六〇）に山口県秋吉台の石灰洞窟と出会い、洞窟探検を目的として各地を巡るようになりました。昭和三十七年には九州山脈の村々に、その翌年には岩手県北上山地の村々に入り、ランプの生活、稗常食の暮しぶりを目の当たりにして衝撃を受け、当時の「所得倍増論」に浮かれている都市民にこれを知らせなければならないと自覚するようになりました。それからは、昼は洞窟探検、夜は地元での聞き書きという「私の調査スタイル」ができました。

その頃名古屋からそれほど遠くない豊橋市嵩山町にある蛇穴と呼ばれる石灰洞窟の気象測定に通っていましたが、何度か通ううち地元に大念仏と呼ばれる念仏踊りのあることを酒井恒夫さんからお聞きし、それがきっかけで東海地方の念仏踊りを見て廻るようになりました。私がまつり同好会に入会するために鶴舞の田中医院を訪ねたのは、そのデータがまとまりだした昭和三十九年六月のことでした。お会いした田中義広先生とは診療をそっちのけでの念仏芸能談義となり、医院を退出する頃には『まつり』で念仏踊り特集号を出そうということになっていました。当時は大念仏系の念仏芸能が全国的にどのように分布しているのかも分らず、編集にあたってはまず先生と交流のある全国の研究者にアンケートを出すことにしました。間もなく各地から回答が寄せられ、期待以上の回答とその数から先生の交友の広さに驚いたものでした。

念仏踊り特集号（十一号）は発案から二年後の昭和四十一年十月に刊行されました。この頃例会では十二年に一度の午年に沖縄の久高島で行われるイザイホーの祭りがこの年の十二月下旬（旧暦十一月十五日から四日間）にあることが話題となり、先生からお誘いを受けました。実は数年前から奄美諸島の洞窟と民俗の調査に入っていて、この年の暮れには沖縄の与那国島調査を予定しておりました。この島を選んだのは本田安次先生の『南島採訪記』（明善堂書店、昭和三十七年）に記載された与那国島のドゥリムス祭りに興味を持ったからでした。与那国町の教育委員会に問い合わせてみると、島にはドゥリムス祭りという行事は行われていないが、島建てをした神が旧暦十月庚申の日から二十五日間ムラムラを巡るマチリという祭りならあり、この期間ドゥリムヌ（肉類などの穢れもの）を食べることが禁じられているので、ドゥリムスはドゥリムヌのことではないかとのことでした。この島に渡る計画があるので久高島の調査には参加できないと伝えると、先生はこのマチリに大変興味を示され、それなら前半に久高のイザイホーを見学し、後半与那国島に渡ろうではないかということになり、参加者を募ったところ、鳥居純子さんが加わりました。

二　久高島にて

その年の十二月二十四日、三人は伊丹空港から那覇に入り、翌日久高島に渡りました。イザイホーの準備二日目、旧暦十一月十四日のことでした。島の船着き場では琉大の中今信先生と息子さんの学さんが出迎えてくれました。中今先生は何度もこの島の調査をされていましたので、準備の合間に島内を案内してくれました。実はイザイホーでは一ヶ月前に初めてイザイホーに参加する三十歳から四十一歳までのナンチュウと呼ばれる女性たちが祭祀を統率するノロ（祝女）以下の女性神役と七か所のウタキ（御嶽）をめぐり、夫にも語ってはならない神名を授かる行事が行われておりました。そうした聖なる場所の所在も教えて頂きましたが聖域の中は男子禁制ということで、案内して頂くことはできませんでした。私はすでに幾度か奄美の島々を巡っておりましたので、琉球文化圏ではオナリ神信仰のような父系社会での女性の霊的優位性について多少は理解していたつもりでしたが、奄美の多くの島ではこれほどの厳しい禁忌によって祭祀が維持されているわけではありませんでしたので、これを知ったとき感動さえ覚えました。中今先生はこうした案内ばかりでなく、宿泊施設のない島で、来訪者のために急遽、島の方々の家が民宿となったためその手配もされ、島滞在中は起居を共にさせて頂きました。この間、中今先生から湧上元雄先生を紹介して頂き、湧上先生からは当間一郎さんと上江洲均さんを紹介して頂きました。特に上江洲さんとは長いお付き合いをさせて頂き、今も後輩の研究者との交流が続いております。今回の旅程についてはすべてを田中先生にお任せしていたため、島に渡れば後はぶっつけ本番で何とかなるだろうと思っていたのですが、一つ間違えばこの貴重な祭りを最後まで見学することができないばかりか、その日のうちに島を出なければならなかったかも知れません。これも、田中先生の周到な計画ときめ細かい配慮があってのことと感謝しております。

イザイホーの祭りの間、特に穢れの多い男たちにとっては緊張の連続でしたが、楽しい出会いもありました。宿のおかみさんといえども、神人としてイザイホーに出なければなりませんので、来訪者の食事は学校の食堂で執りました。あるとき私たち三人の他、岡本太郎氏とマネージャとおぼしき女性との五人で一つのテーブルを占有したことがありました。食事中の会話では意外なことにごく日常的な話題ばかりでしたが、久高島に上陸する直前で時化に遭い乗っていたサバニ（琉球の刳り船）が転覆したときは「死ぬかと思った」と目をぱちくりさせたときは一堂大笑いでした。いつもなら「芸術は爆発だ」とでも言い出しそうな田中先生も、終始岡本氏のペースに飲まれていたことが私にはおかしくもありました。旧暦十八日のウキマーイ（桶回り。ムギで醸した神酒を頂く）でイザイホーの祭りは終わり、夜が暮れ始めると打ち上げの宴となって神人たちはカチャーシーを踊ります。この時高揚した田中先生が神人の中に分け入って踊り興じ、島民も来訪者も手を叩いて大いに沸き立ちました。参加者全員が一体となった瞬間だったと思います。

三　与那国島に渡る

カチャーシーの余韻がまだ覚めやらない翌日の旧暦十一月十九日には後の祭りともいえるウプクイ（大願い。久高ノロ家と外間ノロ家に分かれての祝いの宴）がありましたが、早々に退出し私にとっての本命ともいえる与那国島に向かいました。十二月三十日のことでした。途中、石垣島で一泊して田中先生と面識のある喜舎場英珣先生にお会いし、次の日には最果ての地を踏むことができました。田中先生はここでも事前調査を怠らず、島に着いた翌日には予め連絡していた『与那国の歴史』（昭和三十四年刊、自費出版）の著者で医者の池間栄三先生と奥様の苗さんにお会いし、マチリを初め島の史跡や名勝について懇切丁寧にお教え頂き、ご著書まで下さいました。翌日はお教え頂いた現地を見て回り、それ以降は島を出る前日まで町役場のある祖内の同じ宿に泊まるものの、それぞれが別行動を取ることになりました。

私が島滞在中の知見や池間先生のご教示によって絞り込むことにした今後の調査地はピナイムラ（比川集落）でした。ここでも勿論、「私の調査スタイル」を取りました。まず比川のドゥムティ（世持ち。公民館長）を務めていた泊祖良さんから島の地理に詳しい長浜正一さんを紹介して頂き、来意を告げると長浜さんは早速近くの石灰洞窟に案内してくれました。小さな洞口なのに奥に進むにつれて広くなり純白の鍾乳石や石筍が現れ、あまりの美しさに立ち尽くして時の経つのを忘れ、案内役の長浜さんをやきもきさせてしまいました。

正月三が日も過ぎいよいよ島を去る前夜、田中先生の計らいで近隣の人や調査で知り合った方々が宿に集ってきました。このような計画があることなどまったく知らなかったのですが、先生は旅行中スライドプロジェクター、スライド、スクリーン用の布を用意してこれを持ち運び、これまでに撮り溜めしてきた「日本のまつり」の上映会が始まったのです。当時はアメリカの統治下にありましたので、戦後の本土各地の祭りや風物が見られることに興味をもたれたのか、上映会場は口コミもあって満員になりました。上映会が終ると拍手喝采、この上映会は大成功だったと思います。まつりを見るだけでなく、それを支える人びとにまで気配りをする田中先生の姿勢に驚き、感動し、大いに反省もしました。

私の与那国調査はこれ以降も続きましたが、次の調査からは「私の調査スタイル」を封印することにしました。これを見てか長浜さんはその後も島を訪れるたびに拝所や墓地（その多くが洞窟でしたが）などに案内してくれましたし、マチリの司祭者たちも紹介してくれました。その一人がマチリの唯一男性補佐役であるティディビ（手拝み）の崎枝英好さんでした。私が比川の神観念や他界観念で三分的世界観を問題にするのは、崎枝さんからの教えの賜でした。比川の他界観念については『まつり』三十七号（昭和五十六年刊）の与那国島特集号に発表させて頂きました。

昭和四十一年の沖縄旅行は私の調査研究にとって大きな転機となる重要な旅でした。

「創立六十周年」を迎えた「まつり同好会」に思う

伊藤茂樹

昭和三十四年十二月上旬頃、今は亡き慈恵医大出身の現役外科医である田中義廣先生が主宰とする奈良や京都の寺社、博物館、美術館等の見学に、文化講座などを海外の日本文化研究者を含めて共に学ぶ「国際アートコンパニオン」の「見学会」としまして、「三信遠」地域の天竜川水系には、約二十余部落で「花祭」という湯立による祓い清めて、部落の安寧と五穀豊穣を祈願する夜を徹して行われる「霜月神楽」を見学に行こうとお誘いを受けまして、参加者三名にて、奥三河東栄町中設楽の「花祭」見学を機としまして、驚きと各種の祈祷要素や色々なる芸能の要素を含む神楽に、興味と驚きを感ずると共に、宗教民俗研究の著名なる当時、大谷大学の五来重教授一人で見学調査に来ておられましてその後、「まつり同好会」にも重要なる助言、執筆載などのご協力者となって頂き、翌年昭和三十五年二月に、「国際アートコンパニオン」の下部組織としまして、「まつり同好会」発足以来、更に、全国の「まつり」や「民俗芸能」を見学調査の中、お逢いの早稲田大学の本田安次教授と、その弟子や学生であった山路興造氏、渡辺伸夫氏、吉川周平氏等や著名な写真家の萩原秀三郎氏、須藤功氏等による写真や論考の提供を頂き、更に、「伊勢民俗学会」主幹の堀田吉雄氏による柳田国男著『妹の力』の輪読会と解説の勉強会に、そして、忘れてはならないのは、月一回の「研究例会」が名古屋市内の神社社務所などで開催され、「まつり見学会」の報告や八ミリ映像をも使っての定例会を重ねる内、一年後の昭和三十六年二月に会報「まつり通信」創刊号と、更に、その後、同じ年の六月一日には多くの著名なる「民俗芸能」、「民俗学」などの研究者等によるご投稿にて、機関誌「まつり」

創刊号を発刊しまして、「国際アートコンパニオン」の冠を外して、名実ともに、「まつり同好会」は、「まつり研究者集団」となって進展したのです。

しかし、今から約三年頃前より「コロナ禍」によりまして、各地の「まつり」や「民俗芸能」などの開催が中止となっている中、「まつり同好会創立六十周年」を迎えることになりました。

そこで、「まつり同好会創立六十周年記念行事」としましては、「まつり同好会」創立の機となりました「奥三河花祭」をテーマとしたことと、同じ全国的組織でもあります熊野の神話・風土・民俗・歴史などを学び、そこから世界を考え直すという研究を海外の研究者との交流をも視野に入れまして、設立十七年程度でも、既に海外の大学との研究発表共催を三回をも行なっている「国際熊野学会」との合同共催には、「日本のまつり」を海外の研究者をも視野に入れる理念を持っておられました今は亡き「まつり同好会」創設者でありました田中義廣先生の御霊への感謝の念でもありますと共に、「奥三河花祭」には、その基層にある「熊野信仰」と「伊勢信仰」による「霜月神楽」でありますことからしても、研究要素を共有する最も相応しい共催記念行事である企画です。

しかも、「国際熊野学会」との関係には、初代の田中義廣先生の国際的感覚をも引き継がれました鷲野正昭代表にも国際的感覚がおありで、私発案、鷲野正昭代表企画実施には機関誌「まつり」にもご投稿の韓国国籍元広島大学教授の尹光鳳（ユン・クワンポン）先生が、韓国に帰国されました機としまして、ご案内による毎年旧暦五月五日前後に行われております韓国最大の伝統的信仰による豊穣儀礼や除厄招福を祈る韓国各地から多くの巫女（ムーダン）の参集による巫儀（クツ＝祭＝祈祷祭祀儀礼や死霊儀礼等）の他、宗教的芸能・巫祭仮面劇などの民俗芸能をも参集するユネスコ世界無形文化遺産「韓国江陵端午祭」を平成二十六年新暦五月三十一日～六月三日間の「まつり同好会見学会」には、「国際熊野学会」代表委員と副代表委員二名もご参加され、しかも、「国際熊野学会」代表委員の教え子の韓国国立「江原大学校」許坤（ホ・コン）教授が自家用車でお迎えされ、「江陵」市内案内に、「高級韓国海鮮料理店」にての招待をも得ております。（鷲野正昭代表の「韓国江陵端午祭」見学記を掲載の会報「まつり通信」五七二号には、表紙写真「江陵市端午祭の官奴仮面劇」と「韓国江陵市の端午祭概要と見学記」として掲載にて、ご参照のこと。）

このような経緯もありますす今回の「まつり同好会創立六十周年記念行事」のメインテーマとしまして、「奥三河『花祭』の世界―奥三河『花祭』から『熊野信仰』と『伊勢信仰』を考える―」と題しまして、その基調講演には、「奥三河花祭」研究の現在第一任者の民俗芸能学会評議員の山崎一司氏による「奥三河の『花祭』と熊野修験者考」に、［講演Ⅰ］には、鈴木正崇慶応義塾大学名誉教授の「熊野信仰と奥三河―湯立神楽へ―」と、［講演Ⅱ］には、桜井治男皇學館大学名誉教授の「伊勢の御師と神楽―御師制度廃止一五〇年を迎えて―」と、［講演Ⅲ］には、「奥三河『花祭』の現状」と題しまして「奥三河の花祭」の花太夫経験者となって、錚々たる講師団となりましたのも、合同共催でなければ出来なかったであろう。

そして、「奥三河花祭」の「見学会」には「屋内」での見学と、しかも「仮眠室」のある奥三河「御園花祭」を企画されたのです。更に、「まつり同好会」の会員への「三信遠」地域には「民俗芸能」の宝庫であることを再認識して頂くと共に、貴重なる民俗文化遺産である「奥三河花祭」を多角的多面的視野による新たなる角度から若き研究者への視点を向けて頂くことが「まつり同好会」の使命でありますことを目した企画でもありましたが、「コロナ禍」によりまして、「奥三河花祭」全地域開催中止となり、「まつり同好会創立六十周年記念行事」の開催を一応中止することになりましたことは、残念でした。

私の花祭人生と花祭の今

下粟代花祭　花太夫　金　田　新　也

まつり同好会の皆様、はじめまして。愛知県北設楽郡東栄町の金田新也と申します。機関誌への寄稿の依頼をいただきまして、私ごときにあまりに荷が重いと感じましたが、長く町の教育委員会に勤めさせていただき、その折、代表の坂本要先生には盆踊りの調査に多大なご協力をいただきましたので、せめてもの恩返しをとの思いで引き受けさせていただきました。拙文、ご容赦下さい。

さて、私は東栄町の北西部、下粟代という集落に住んでいます。この地区にも花祭が伝承されていて、私の人生は花祭とともにあります。この文章では、私の花祭人生を通して見える花祭の伝承、変化、課題など記してみたいと思います。

私は昭和三十三年生まれです。私の花祭人生を表1に表してみました。（表中の点線は私の体力曲線です。）おそらくは生まれてすぐから花祭の拍子や歌ぐらを子守歌に聞き、遊び道具に扇を持たされて幼少期を過ごしていたと思います。小学校一年で花の舞デビューした時に足の運びや手の動きで叱られた覚えはありません。今は舞手不足で花祭のない地区の子に教えますから、扇・鈴の持ち方、リズムの取り方、足の運び方といった「いろはのい」から教えなくてはなりませんから、それは大変です。

小学生のうちに花の舞の盆→湯桶→扇と進み、小学校六年では三つ舞の扇を舞いますが、この頃から舞も所作が細かく複雑になり、覚えるのも大変になってきます。特に三人の舞手の先頭に立つ「一番」は他の二人を引っ張っていく役目であり、責任重大なのです。当時の教え方はいわゆるスパルタ式、「お前の替わりなんかいくらでもおるぞ、いやならやめちまえ」みたいな感じで、しかもおじさんたち方言丸出しなんです。「扇を肩でかやいて、鈴はバンド、まっと拍子にのって、よっくひざこんぼ曲げて、あくつをつけんこに舞うだい」分かります？訳すると「扇を肩のところで返して、鈴はベルトの位置において、もっとリズムにのって、深くひざを曲げて、かかとをつけずに舞うんだよ」となります。今の子たちには理解不能ですね。舞習いでは出番を待つ間、見よう見まねで笛を覚えます。大人たちも楽をすることが出来るので、「うまいぞ」とほめて、少々下手でも吹かせてくれました。

中学生から高校生にかけて三つ舞扇→ヤチ→

表1　私の花祭年表

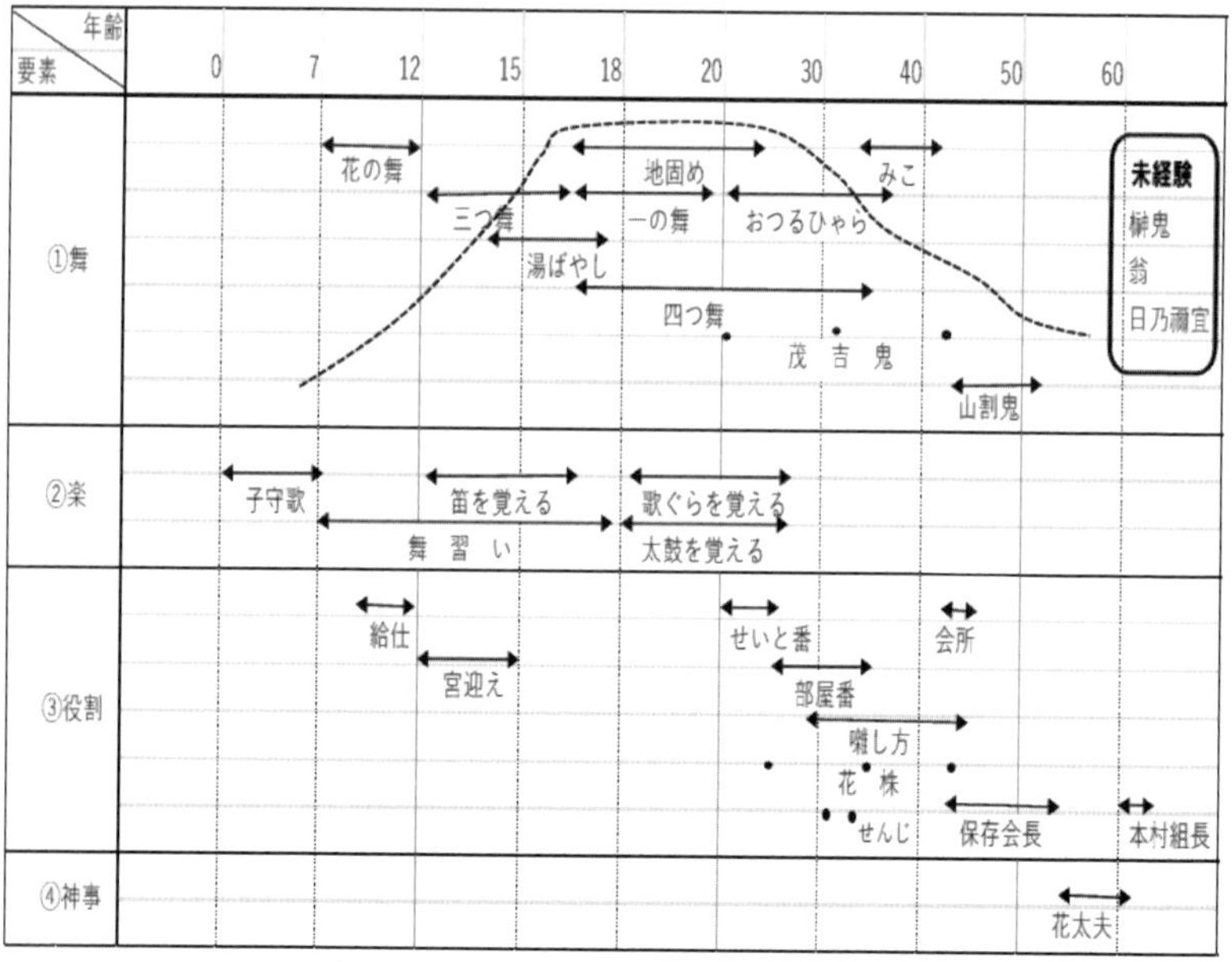

剣と進みますが、中学二年から湯ばやしが加わりました。湯ばやしは四つ舞の一種で三つ舞とは足のステップが違うんですね。当初はうまく出来なくて悩んだ記憶があります。

高校生からは四つ舞も舞うようになりますが、四つ舞はあまり事前に練習をしません。本番の人の都合で突然四つ舞のヤチのご指名を受けたのを覚えています。舞手が多かった時代には扇の手は長男が舞うものとされていて、ヤチや剣は二・三男に割り振られることが多く、「棒振り」と揶揄されていたそうです。私も長男ですが、私の四つ舞は棒振りデビューでしたので、もうそんなことは言っていられなくなっていたのでしょうね。この頃から市の舞や地固めの舞にも名が連なります。

昭和48年民家での花祭　湯ばやし

私は市の舞が不得意で二年ぐらいしか舞いませんでした。十八歳頃から二十歳代のうちは体力もあり、あまり人もいないこともあって、一夜に七種類もの舞を舞うことも度々でした。

こうして四つ舞まで舞い上げると若い世代の押し上げもあり、舞役から名は消え、鬼やおつるひゃらなど仮面の舞を担うことになります。下粟代では榊鬼は舞手が決まっており、茂吉鬼は組の輪番制となっています。そろそろお前も…と村の衆に認められて山割鬼を舞えたのは四十代半ばでした。

村人には舞役とは別に「役割」といって運営の分担がひとつずつ割り振られます。昭和四十年代までは小学生にも「給仕」という役割があって、お勝手仕事の手伝いをしました。上級生が上手に仕事を割り振って切り盛りをしました。中高生時代には「宮迎え」の神輿の担ぎ手の役割がありました。大人になっての役割デビューは二十歳「せいと番」でした。舞庭の観客を整理誘導し、子どもたちの舞を導く役割ですが、カオス状態になった酔客をうまく制御することはハタチの若造には無理でした。次いで「部屋番」となりますが、これは支度部屋に詰めるもので、進行役に当たります。舞手に衣装を着せて切れ目無く舞庭に送り出すのが仕事で、舞手がなければ自らが舞って出るという厳しい役目です。次いで「囃し方」、これは笛、太鼓の係です。笛は成長過程で知らず知らずのうちに覚えましたが、太鼓は舞をリードするものなので若い者ではなかなか叩けません。舞習い時に年長者に促されて、花の舞の別舞を叩きました。十八歳ごろだったと思います。舞習いでの太鼓の練習は花の舞、三つ舞、湯囃し、四つ舞、市の舞など若年者の舞の練習に伴う舞だけなので、その他の舞は本番で太鼓を聞きながら覚えるしかありません。舞式もすべて頭に入っていないといけませんので、本番で初めての舞を叩くには勇気がいります。

花祭の運営の中心に「花株」という役があります。これは祭りの支度を取り仕切るもので、招待状の発送から必要物品の調達など祭りが始まるまでの山のような雑務をこなします。祭りの全容が分からない若いころは、うろたえることが多い難しい役です。

その後、年齢や時の事情で会所やせんじ（お勝手の仕事）に携わりました。ここまでは村の誰もが携わる役割ですが、四十四歳の時に花祭保存会長に推薦され、十年ほど務めました。下粟代の場合、花祭の総責任者は本村組長で、保存会長は花祭の文化財指定に伴ってできた新しい役割で、仕事としては伝承にかかわることと出花に関することを取り仕切ります。私は会長として大した実績を残していませんが、一つだけ「面付け講習会」はやってよかったなと思っています。下粟代の榊鬼面は最大級と言われるほど大きく、面の下に付ける「ざぶとん」のしつらえ方はとても難しくて、部屋番泣かせの技でした。私自身もよく泣かされましたが、この技を若い衆全員ができるようにした講習会です。

花祭には芸能と神事の部分があります。その舞には村人皆が携わりますが、神事には花太夫と宮人のみが携わります。下粟代の場合、宮人は世襲、花太夫は大昔には世襲でしたが、今は村中で推挙された者があります。平成二十四年、五十四歳の時に、私は村の寄り合いで花太夫に推挙され、大変当惑しましたが、「その世代の中で誰かが務めなくてはならない」と考え、受諾しました。当時の花太夫は一野瀬三紀男氏、二十代から半世紀にわたって花太夫を務められた方です。そんな偉大な方の後を務めなくてはならないと、大変緊張しました。

太夫の伝承はこんな感じでした。「儂が月の森下将覚さんから教えてもらったとおりに教えるでのん。まずはノートとペンを持って儂の家においでん。」の一野瀬氏の言葉から始まった修業は、神事の次第にしたがって師匠が述べる祭文や所作をひたすら書き写す、あるいは真似てみる、完全な口伝によるものでした。幾晩もこれが続き、本番は「一年目は先代がやるのを見て覚える、二年目は先代の手助けを受けながら体験してみる、三年目は独力でやってみる」という三年計画でしたが、実質的には二年目には祭文も所作も覚えていなければならず、衆目の前での修行は押しつぶされそうなプレッシャーの中で行いました。

すべての幣束を作る「切り草」の修行も然りで、切り方の見本を譲り受けるわけではなく、先代に手ほどきを受けて自分なりの見本を作成しました。カッターナイフは厳禁、一本の切り出しで定規も使わず複雑な幣束を切り出す技術にたじろぎ、ずいぶん家で新聞紙を切る練習をしました。

先代から譲られるのは口頭による知識だけ。祭文の覚え書きも衣装も、腰に差す刀もすべて自分で揃えました。伝承とはそういうものなのだと、思い知らされました。と同時に、私の場合は他に行政が残した文字や映像の記録もある現代の伝承でしたので、それにずいぶん助けられましたが、昔の花太夫職の受け継ぎの労苦は想像を絶するものであったろうと感じ入りました。

このような過程を経て今の私が花祭の中にあるわけですが、花祭もこの間様々な変化をしています。それは社会の変化に対応した結果ですが、それがどのようなものだったか考えてみたいと思います。

変化の要因となったのは、高度経済成長期の到来です。それまで食糧生産と林業経営を中心に脈々と続いてきた山村の営みが、金を稼ぎその経済力で生活を回すというように変わりました。勢い、農林に向いていた人々の志向は職につき現金を稼ぐ方向に変わり、田畑の働き手は給料を取れる職に転職し、若者は都会へ流出しました。地域に残った者も年々歳を重ね、少子高齢化が進みます。基幹産業の林業においては外材に押されて国産木材の価格は低迷し、多くの職人が姿を消しました。暮らしぶりも徐々に変わっていき、住居の改修が進んで土間は消え、庭には車庫が建てられるようになりました。

こうした状況の中、花祭は徐々に担い手不足を実感していきます。私が小学校に入学した昭和四十一年度には下粟代に二一人の小学生がいました。うち一四人が男の子です。小学校を卒業する年の昭和四十六年度には小学生は一二人、うち男の子は六人に減少しています（今はいません）。この年から下粟代の花祭には女の子が舞手として登場したほか、地域外の子どもも初めて登場しました。昭和五十六年までは民家を花宿として行ってきましたが、住宅の構造が変わって、翌年からは生活改善センターを花宿としています。このころから運営にも人手不足が深刻化してきます。花祭は村に住むすべての男性がかかわることができるよう役割が構成されていましたが、住民の数が減ってきたわけですから、何か工夫をしないと運営に支障をきたします。住民の減少に応じて竈を据え付けにしたり、縄ないを事前に行うなど運営を簡素化・省力化したうえで、役割を減らすという策が取られてきました。また、多くの人がいたころの名残で六十歳定年制が敷かれていました（これがあれば私も四年も前に定年でしたが…）が、この制度も平成九年に撤廃されました。

担い手が少なくなってくると伝承にも障りが出てきます。舞習いに出る大人の数が減り、昔のように丁寧に教える余裕がなくなりました。また、田んぼを耕作しなくなったことで藁の入手が難しくなり、コモやしめ縄の材料の入手に奔走するようになってしまいました。

高度経済成長が進むにつれ日本の生活水準は向上し、テレビや車が急速に普及するなど人々の娯楽は多様化しました。奥三河の辺境でひっそりと行われていた花祭も観光資源として注目され始めました。花祭に対する関心は次第に高まり、日本を代表する民俗芸能としていろいろな機会に紹介されるようになりました。下粟代だけを例にとっても、昭和三十九年の東京オリンピックや昭和四十五年の大阪万博など、国を挙げてのビックイベントで芸能展示をしたほか、平成十七年には海を越え、中国江西省で開催された学術イベントにも招聘されています。

昭和五十一年に高い民俗学的価値が認められ、国の重要無形民俗文化財に指定されると、これを契機に花祭がメディアなどで様々に紹介されるようになり、花祭会場には都会からの観光客が増えていきました。舞庭を埋めていたセイト衆「すっぱ小僧」は、舞子を囲む「カメラ小僧」に入れ替わり、当然、悪口を言い合ったり、歌ぐらを高らかに歌い合う昔ながらの花祭風景も失われつつあります。

このように高度経済成長に端を発した社会の変化は、花祭に光と影の両面の影響を与えています。

下粟代花祭が直面する課題を整理してみます。

①　舞手不足

花の舞から四つ舞までで一六種類の舞に四三人の舞手が必要です。舞手不足が問題視され始めてすでに五十年、女子の参加、域外の子の参加、親戚の子の参加と幅を広めながら対処をしています。舞の質はとにかくとして、何とか人数の確保はできてきましたが、予断を許さない段階に来ています。せっかく順を踏んで舞の技術を身に付けた子たちも、高校・大学受験を機に花祭から離れてしまうことも多くあり、四つ舞が青年の舞から壮年の舞となりそうです。

②　運営の担い手不足

祭りの準備の省力化を進め、少ない人数で効率的に運営できる体制をその都度構築してきました。しかし、これまでは若い世代の流出があっても家には親がいたため花祭のつきあいは続いていましたが、その親が他界するようになり、家の消失が始まっています。省力化も体制の変革も限界であり、待ったなしの課題です。

③　宮人の後継者問題

宮人職は世襲により受け継いでおり、以前は七人でしたが転出等があり現在は四人です。宮人たちは切り草や神事について代々受け継いだ記録や技術を持っており、一朝一夕に受け継ぐことができません。

④　花太夫の後継者問題

私が花太夫職への要請を受けた歳は五十四歳でした。先代はその時七十五歳でした。私は現在六十四歳で、先代が譲られた歳まであと十年ほどしかありません。古戸地区のように副太夫を置いて修行をしてはどうかとの提案もありますが、ただでさえ少ない人数の中、他の役割に差しさわりも考えられ、実現していません。

⑤ 調達困難な資材

田んぼを作らなくなったことで、藁が手に入りにくくなりました。藁はしめ縄、コモ、湯たわし、辻固め幣のツト、一力花幣のツトなど重要な祭り道具に使われています。また、舞に欠かせない草鞋も入手困難で、どこの保存会も苦慮しています。古来手作りで調達してきた資材が、現代になって入手に困る状態となっています。

⑥ 太鼓の奏者不足

下粟代ですべての舞の太鼓を叩けるのは三人でしょうか。一昼夜に及ぶ祭りを叩き切るには正直足りません。この要因はひとことで言えば訓練不足なのですが、舞習いにかかわる人数が減って余裕がなくなり、若手が太鼓の練習をする機会が失われたことが遠因にあります。

このように、抱える問題のほぼすべてが人口減少に起因しています。問題を抱えながらもなんとか工夫をしながら祭りを存続してきた中で、突然襲ってきたコロナ禍。新型コロナウィルス感染症が日本に上陸してから三年が経ちますが、その間ずっと「密閉・密集・密接は厳禁」と言われ続けてきました。私たちにとっては「花祭は厳禁」と言われているのも同然で、どこの地区もその対応に苦慮しています。ここ二年はどこも中止の形を取り、重要な神事や主だった舞を関係者のみで行うという対応を取ってきました。下粟代でも面を出して祓い清める、という苦肉の対応にとどめました。

　これが何年も続くと「子どもの舞体験が失われる」という困った事態が起こります。年齢階梯的に構成されている花祭の舞はおよそ三年で次の舞へと移っていきますので、三年続けて花祭が開催できないと、その年齢で舞うべき舞を体験できないことになります。今年はコロナ下三年目であり、どの地区でも今シーズンこそ何とか花祭をとの機運が高かったのは、おそらくこれを危惧していたことが大きかったかと思います。令和四年のシーズンは東栄町内一〇か所のうち月、中設楽、河内の三集落が観客を入れるコロナ前の形での花祭開催に踏み切りました。念入りな感染対策が必要だったと聞き及んでいます。残る七集落は観客を入れず、非公開での開催としています。どこの保存会も通常通りの再開に向けて思案を巡らせているところですが、今後のコロナ対応の展開が気になるところです。

　令和五年一月七日・八日の両日、三年ぶりに花祭の太鼓の音が下粟代の谷に響きました。非公開としたため、舞庭を取り巻くセイト衆のうねりは見られませんでしたが、新たに花の舞を舞う幼い世代も登場して、わずかな光明も見えたところです。

令和5年花祭　新たな舞手の登場

感染第七波以降は、東栄町でも多くの感染者が出ています。下粟代のように少人数で高齢者の多い地区では、集落内に疫病を蔓延させるわけにはいきません。また、受け入れ態勢も招待した皆さんに満足していただけるだけのことを用意するのは困難になりました。祭りを閉ざさないためになるべく経費をかけず、関係者のみで祭りを存続する、その選択に迫られている昨今の状況です。

先代の一野瀬花太夫は、「下粟代ではいろいろな困難な事態にも知恵を絞ってしなやかに対処してきた」とよく語られます。「しなやかに」は、村の歴史を思うと言い得て妙と感じ入るところですが、限界集落の条件に合うようになってきた昨今、竹のようにこの逆風をいなすには少し体が硬くなってしまったかもしれません。それでも思考には限界を作らないよう心がけて、何とか祭りの存続を図りたいと考えています。皆様のご理解ご協力を願うところです。

以上、私の経験を通しての花祭の伝承と変化、コロナ下の対応などを述べさせていただきました。今回このような機会をいただきましたことに感謝申し上げます。

まつり同好会のますますのご盛会をお祈り申し上げます。

［鷲野正昭前代表著作再録］

絵馬にみる明治初期の尾張万歳師

鷲野正昭

一　はじめに

尾張万歳の分派のひとつである伊六万歳については、昭和初期の資料を使ってすでに紹介した（八開村史・民俗編（平成六年三月刊）「伊六万歳」）。ここでは、愛知県海部郡甚目寺町の甚目寺観音に伝えられている、万歳師たちが奉納した大型の絵馬によって、明治初期の万歳師の様子を述べてみる。この万歳師たちが奉納した絵馬ついては、すでに、岡田弘氏が昭和四十七年に「能田万歳の絵馬」として紹介されているが、この絵馬の周辺（上部を除く）に記載された万歳師のことについては、詳しくはふれていない。（「尾張万歳たずねたずねて（後編）」口絵ほか）

二　万歳絵馬の現況

甚目寺観音のご理解とご協力により、明治十六年に奉納された万歳絵馬を調査した。

絵馬の大きさは、総外寸で、縦124.5㎝、横193.5㎝であり、万歳が描かれた絵の部分の大きさは、縦81㎝、横140㎝である。

絵馬の絵は、風折れ烏帽子に扇を持って舞う太夫に、大黒頭巾に鼓を打ちながら囃す二人の才蔵が描かれている。彩色こそ色褪せてはいるものの、描かれた万歳の様子を思い浮かべることができる。

ただし、この万歳の絵の右側・下部・左側に渡って書かれた墨書きの部分の判読が困難なほど薄くなっていた。しかし、今回調査の結果一部を除き読み取ることができた。

奉　献　納

発　起　人

海東郡　方領村　村瀬彌吉
同郡　字久渕　□文四郎
　　　　村瀬甚三郎

万　歳　連　姓　名

西春日井郡　下ノ郷村　小供連中
海東郡　森村　津坂鐵治郎

西春日井郡　朝日村　堀尾藤右ヱ門
西春日井郡　枇杷島　邨瀬惣太郎
同郡　同所　中島久吉
海東郡　森村　瀧　悦治郎
西春日井郡　枇杷島　杉藤冨治郎
同郡　朝日村　猪子政七
同郡　同村　古澤文左ヱ門
海東郡　甚目寺村　水野源十郎
西春日井郡　朝日村　猪子和兵衛

海東郡	甚目寺村	宮嵜粂三郎
同郡	方領村	杉木岩治郎
丹羽郡	町屋村	徳若連
同郡	傳法寺村	徳若連
西春日井郡	鍛治一色村	徳若連
中島郡	下津村	徳若連
海東郡	西今宿村	近藤源兵衛
西春日井郡	朝日村	林　新右ヱ門
海東郡	甚目寺村	古川桂三郎
西春日井郡	下ノ郷村	吉田榮蔵
同郡	同村	中川徳十郎
同郡	同村	水野長兵衛
同郡	同村	小島善之助
同郡	同村	山内周三郎
愛知郡	南押切甼	樋口新太郎
海東郡	方領村	杉本喜三郎

西春日井郡	枇杷島	水野栄治郎
海東郡	方領村	長谷川市治郎
中島郡	大矢村	寺西善蔵
海東郡	上萱津村	山田傳吉
同郡	沖ノ島村	牛田半右ヱ門
中島郡	下津村	山田元右ヱ門
西春日井郡	能田村	長瀬幸右ヱ門
海東郡	沖ノ島村	菱田清十郎
西春日井郡	枇杷島	田中鎌治郎
同郡	能田村	石田繁三郎
海東郡	沖ノ島村	黒田藤蔵
西春日井郡	枇杷島	加藤東治郎
同郡	能田村	長瀬茂兵衛
同郡	同村	長瀬清吉
同郡	同村	長瀬茂平

世話人
海東郡　西今宿村　加藤庄兵衛
中島郡　下津村　村瀬吉右ヱ門
海東郡　新居屋村　□源兵衛
同郡　□　加藤□

于時明治拾六未年五月
海東郡方領村　横井半右ヱ門
杉本幸十郎
□録
海東郡西今宿　天野景福
（以上、墨書き）

三　明治初期の尾張万歳師の分布

前記の奉納絵馬の墨書きから分かる万歳師の居住地を、現在の行政区の上に記したのが、分布図である。これは名古屋市北部の明治初期の尾張万歳の分布を示すとともに、当時の尾張万歳の一つの集団の広がりとして、注目される。

四　尾張万歳絵馬の資料的価値とその考察

(1)　尾張万歳の資料としては、非常に貴重なものである。万歳の隆盛を祈願したものであろう。神社境内や民間地などの記念碑の例はあるが、絵馬としてはあまり類例を知らない。ご教示ください。

(2)　記念碑などではありえない絵馬の特徴である描絵の部分があることが貴重である。この地方の、当時の万歳の服装が分かり、しかも彩色が残っていることは大切にしたいものである。

明治初期の尾張万歳師の分布（現行行政区による）

―― 明治16年甚目寺観音奉納絵馬から ――

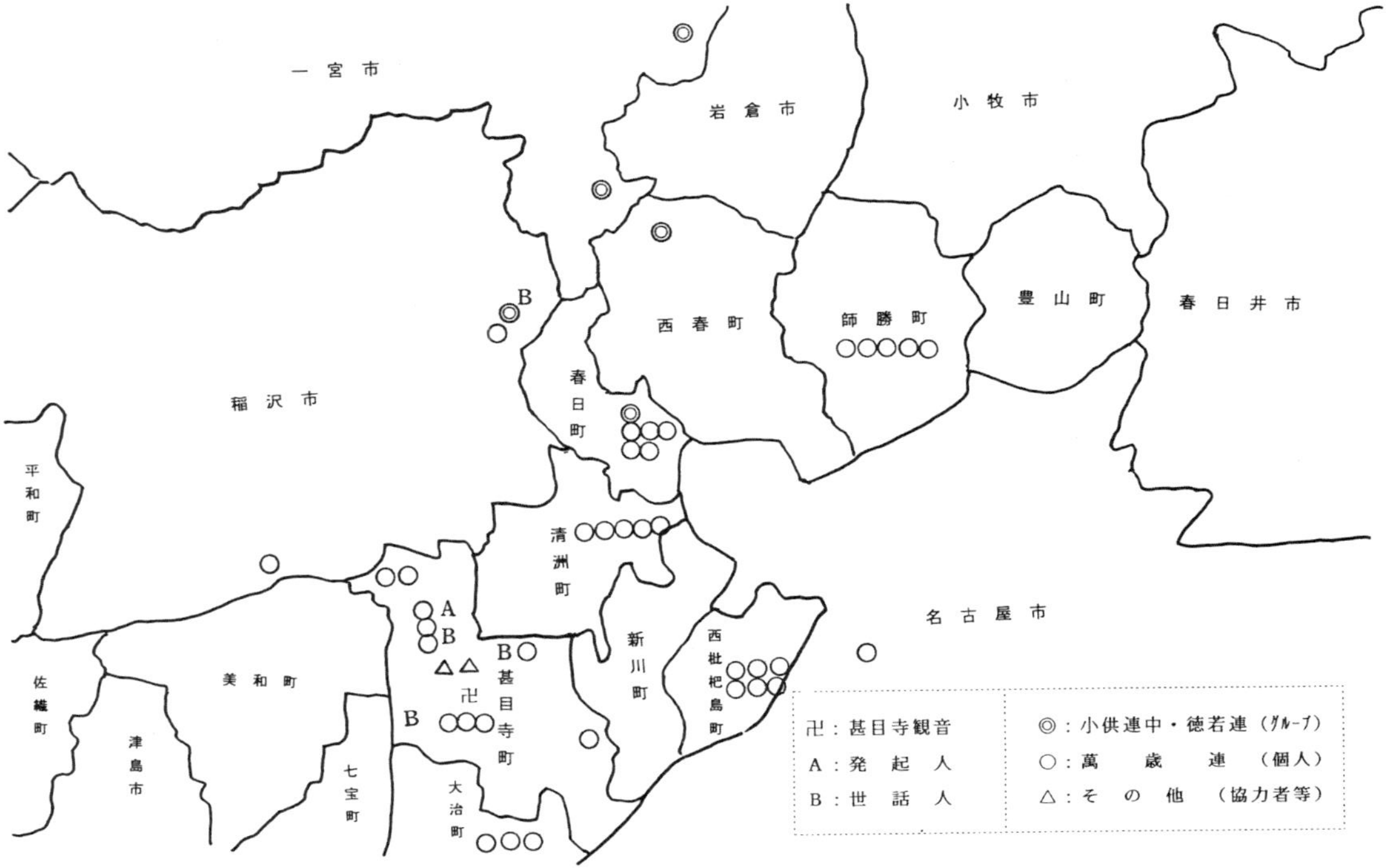

(3) 墨書きの記録の中に、当時の地名や万歳師の姓名等に混ざり、「万歳連」「徳若連」など万歳特有の言葉が含まれている。
(4) 当時の万歳師の分布が、墨書きの連名からおよそ、つかむことができる。
(5) 現在、伝承されている「能田徳若万歳」の先人による奉納とも伝えているが、墨書きにある多くの万歳師の総意によるものと言って間違い無いであろう。
(6) この貴重な尾張万歳の資料が、しかるべく適切な形で、保存されることを期待すること大である。

付記
この絵馬調査にあたり、佐織町中央公民館の小島・石田両氏のお口添えとご協力があったことに感謝申し上げる。

(二〇〇〇年九月 名古屋民俗研究会発行 『名古屋民俗』第53号より転載。地名その他は当時の状況で記述されている。)

伊六万歳

鷲野正昭

一　伊六万歳のこと

尾張万歳の分派をなす伊六万歳については、知多万歳が立ち万歳であるのに対して、主として半しゃがみであるところから中腰万歳などということがある。万歳の詞《ことば》は知多のものと大きな違いはないが、節し回しが少しちがっている。現在、津島市と師勝町（西春日井郡）能田《のうた》にそれぞれ保存会かあり、活動をしている。いずれも若い人がおらず後継者の心配があるのが現状である。

「伊六万歳」は明治一〇年代に、名古屋の笈瀬村の人で、嵐伊六（伊呂久）と名のる人が知多の万歳を習いおぼえ、さらにうかれ節、あほだら経などいろいろな芸を加えていった。その後、中島郡勝幡新田の伊藤藤市も万歳に熱中し、嵐伊六に習いおぽえ、後、名古屋で伊六を名のった。これがやや卑俗なところがかえって人々に大もてとなり、習いおぼえる若い衆が多くなっていくのである。弟子も各地に広がり、やがて一座が組まれ、劇場など屋内興行であるハコウチをしたり、「万歳芝居」と呼び、静岡とか滋賀、奈良方面まで、興行したりするようになる。もともと門付や旦那場（お得意の家をまわる）万歳が本来の形であるが、伊六万歳は舞台へ出るようになり、「万才」や大阪を中心とする「漫才」などへの道を歩む者へつなかって行ったという。

「諸国図会年中行事大成」(文化三年、一八〇六年)の中に「美濃・尾張辺の一向宗家多き所には、鼓をうち、親鸞上人の伝記を唱い来る。これは津島万歳とて尾州津島より出る」とあり、いわゆる「六条」と呼ばれる万歳が尾張万歳の中にあり、親鸞の一代記の形になっている。この津島万歳が、今の津島の人たちのものと結びつけるわけにはいかないが、そういう特色がこの地方にあったことは事実であろう。

万歳の詞としては、五万歳といわれ、神道の内容のものを「神力《しんりき》」(「熱田」とも)、江戸城をほめる「御城《おんしろ》」、親鸞聖人の一代記「六条《ろくじょう》」、日蓮聖人の教えの「法華経《ほけきょう》」、お祝い事を中心とする「地割《ちわり》」が基本的なもので、総称して地の内と呼ばれることがある。その他に、入れ込み万歳といって、地の内などの万歳にはさむ「蚕ばやし」「茶ばやし」「お馬ばやし」など産物をおり込んだり、「数え歌」「なかなか」「なぞかけ」などが加わって笑わせる内容となり、さらに三曲万歳(鼓、胡弓《こきゅう》、三味線)といって歌舞伎のさわりを万歳風にして演じたりする。

二　伝承者のこと

今は、村内にも、まったく絶えてしまったのが現状である。ここでは、その記録ないしは、聞き伝えを中心に記述する。なお昭和三〇年代にはまだ健在な方があり、写真、録音テープなどは残されている。

ここであげるのは西の森(蟹江町)に存在するもので一見、単なる記念碑ではあるが、昭和初年の伊六万

歳の盛んなころの貴重な資料としてあげておきたい。碑の表には
進友会長滑稽顧問、芸得賢、戸谷徳一翁碑とある。
進友会という組織があり、伊六万歳を習いおぼえた人々の集まりがあり、この戸谷氏が中心的存在、あるいは中心の場所として使われていたのであろう。今となっては、その記録や、伝承は全く絶えてしまった。ただ昭和三〇年代、八開在住の万歳師の方から、こういう石碑があるので一度、さがすようにという話は聞いていて、存在はその後、確認することができた。この碑は昭和九年一〇月に建てられたもので、裏面には、近在はもちろん、尾張一円から参加していたとみられる発起人一四名と賛同者（万歳を習った人か）が約五〇人程の名前が刻み込まれている。その中から、八開村のものをあげてみると、
（発起人の中に）　元赤目　神保新吉
（賛同者の中に）　塩田　　嵐庄之助
の二人が刻まれている。
神保新吉は本名であり、嵐庄之助は本名中野庄市という方でいずれも故人である。なお村内にはこの二人の他に、数名の万歳師がおられたがいずれもすでに万歳は絶えてしまった。中野は津島の伊六万歳へ参加され、神保も時々、参加されていた。また、数名の方は門付万歳が主で、各地を回られていたという。

昭和9年の伊六万歳師の記念碑
（蟹江町）

三　伊六万歳の詞

万歳は口から口に伝承されるものであるので、記録が残ることはまれなことであるが、今回は野田（祖父江町）の児島忠幸氏（前記の戸谷翁碑の中に刻まれている一人で、故人）の遺族の方のご厚意でここに記載させていただくことにする。なお、順序は、本文のままとし、できるだけ原文を尊重したが、一部漢字に替えたり、読みやすくさせていただいたところがあることをおことわりしておきたい。この中で「東京万歳」としているものは、普通御殿万歳として演じられるもので、お祝いごとが中心で、これに七福神の「七福ばやし」が付け加えられることが多い。「かわらぶき」「茶ばやし」は入れ込み万歳で、わかりやすく、気楽に聞くことができるものを、時々入れていた様子が、この順序から想像できる。

昭和参年貳月吉日 万才地之内

（表紙）

児島氏保存の万歳の記録本

松虫
鈴虫　親鸞聖人《ママ》（「六條」の一部）

有難くかりける御門徒衆の　御開山な聖人様の　由来をくわしく尋ぬれわんな　御年三十五才の時に　音に名高き朝廷様の　女中のなかにも其の名高き　松虫鈴虫と云ふ両人が　江《ママ》よう江んがの日を暮せしが　始めて無上に気が附いてな　或る時御殿を忍ばれてんな　しゝか谷と云ふ所でんな　じゅうれい坊其のうちでんな　御願ひ申す我々は　松虫鈴虫ものなるが　身《ママ》来浄土に道《ママ》引給ひ　何卒御弟子にして下されと　願はばじゅうれい安楽坊が先づ〳〵御待ち遊ばせて　申せば両人聞入れず　二度の願を上げられる　是非無く黒かみすりおとされる　しゅうけになしたる其の罪で　死罪の罪を受けられる　四条河原と云ふとこで　はかなき最後をとげられる　首はたちまち蓮台にのりて　顔に笘《ママ》をふくまれて　あら有難くも西方より　五色の雲があらわれて　観音せいしお出向われ　目出度浄土に参られる　先はこゝらか出之舟人舟

東京万歳（地の内）

太夫□　いんよう鶴にもすぐれし　亀にもまされし　目出度もう〽やれ　みいつるのー　前ェーにい　やあそまに　〽やれ　黄金のー　ゆさごをも　一寸シヒヒヒキリになアらべて　〽やれ　ちょぐもかさねて　〽ヤレ万年迄《マンネンマデ》も　一寸咲き盛る　〽やれ　めごようて久しく　〽ヤレお家もさかえてましうする　〽やれりしようやこをぐの　〽やれ玉をのかんむり一寸頭に免《ママ》す　〽やれ　あやぐのたちをば　〽ヤレはいてな運ぶやんなきじん刀を　〽やれ　腰にと　〽さあーいてんな　ゆづりはを　〽やれ　口にと　〽ふくみて御用（五葉）なる　〽やれ　松の葉を　〽一寸手に持ちてへんな　〽やれ　宝の君なる　〽ヤレ源氏の御門を一

寸つんたちてんな　〽やれ　ないしの御門まで　〽ヤレをし開《（ママ）》らかれて、そうせや　〽やれ　わごよをて
一寸　さはははあむらはんよ　〽やれ　江い門たいより　〽久しくわかれしためすには　〽やれ水もわか
やく　〽木の芽もさあゝいてなさかゆる　〽やれ　とびがんな　〽一寸しヒヒきりイイにイイくる　〽やれ
祝のものとぞ　〽ヤレほめよろこんでなききようや　〽やれ　たての一寸御ホホ萬才

東京万才（柱立）

太夫口　こら　いぬいのすみよりも
黄金の島を以て　左だ《（ママ）》りまきにもきりぎりと右り《（ママ）》まきにもきりぎりと　いちや〱めん〱に一寸万本ばかりの柱をば取り寄せて　合すれば　壱本の柱が一宇の御宮ますに高尾の大明神や　二本の柱が二うの御宮三本の柱がさか木の神社　四本の柱がべんざい天　五本の柱が津島の神社　六本の柱が正八幡よ　七本の柱が七尾の天神　八本の柱が八剣宮よ　九本の柱が熊野の神社　拾本の柱がぢうらせつ　拾壱本の柱とて、いくし八剣熱田の神社　拾弐本の柱とて十二神の御神様よ　十三本の柱とて…
太夫口　三十三六道人が
才造口　天下く《（ママ）》だらせて給ひける目《（ママ）》のを石の此の御家

東京万才（かわらぶき）

〽ゐいやらやあーとこ云ふては太夫様才造　大きな家をば立られる面白くも候へばすなわち　〽瓦ぶきに定めてんな　かわらぶきに取りては　〽いよの国のいよ瓦　さぬきの国のさの瓦　〽かわちの国でこをたる瓦

さんぐんこをじの角瓦　めん瓦に男瓦　両方のはふの鬼瓦　〽よいとはんべり給ひける悪まが見ておそれるよ　〽ふせてかざり候へば　とびやたかが見てよろこぶ　〽見る〳〵十年辰の年　諸人の立たる此の御家　〽火をたいては火の難無く　風が吹いても宝風　〽ツタがはえれば千年とや　お屋根にこちらがヒヨクラモクラゾヨゾヨ　〽長くはゆれば拾萬斗と　朝日させばにいやかに　夕日させばかがやく目《(ママ)》のおの石の此の御家

太夫口　〽末廣や悪事災難是を見て七里遠く去り給ふ

才造口　〽福の神はこなたん様　入り万才楽候へばさてこそや　此の御家

東京万才（舞踊り）

太夫　〽栄えよろこび候ける　ホホ誠よろこび候ける　〽つたはがほゝべん吉寿千年春か《(ママ)》にやはれ目出《(ママ)》いとうこ　〽これから太夫様才造そろりそろ〳〵はやあせ申せこれよ　〽これはやーとこ才造やはれ太夫様が万才ならドツコイ　かように申す　才造やはれ　〽尾張の国や三河の国やかゝさ国　かゝさの国とは才造の云ひ間違ひ　〽わかさの国の八百びく白ら葉の小枝に小松の小枝がごしゃごしゃとさくまでも万才　〽万才やーはれ才造やーはれ万才楽がこなた様で御始りまりては御目出度い　〽なかはのかいの太夫様やおや良い所を祝いてぞまいる　〽舞いもすれば昔では白川では将軍様の御時　熊野様へ御参詣の御渡せのみぎは　〽みぎは又年々の御祝で太夫様のかんむりたる一寸よぽーしのさ左折りやかさ折　なぎの葉の二枝もたわむれんばこれよ　これはゝやあーとこ才造やーはれ　〽左が三十三ケ国なら右りも三十と三国じゃ太夫様（夜ぜんも三番こよいも三つ）合すれば六十と六か国やなるこの前舞もすれば天朝様も泰平泰平《(ママ)》じゃ太夫さん才造

こいつが明けても暮れても泰平じゃ太夫さん　〽泰平安の国中に祝ひ治むる舞の手天の岩戸開き初めをためす　〽ためすには世々の末いつまでもかわらずに若亀鶴がちょろやチョロリ　〽ちょろりやちょいと　変る春の一月一日じょう様達や子守が手まり拍子ですとゝことんおやすとことことんとはやあし申せ万才

七福ばやし

一や二や三や四や五や六や七八つ　七つ何事無い様におや西の宮の御大将が参る　〽まんだ参る才造や　ゑびすの三郎左エ門がほろよい機嫌で出かけた　お年頭に出掛たお年頭まわりは御目出度中のからの太夫様やおや良い所を祝いてぞ参る　〽まんだ参る才造や　お色の黒いせのひくい男の悪いが大黒さん頭の長いが太夫様か　オヤホクロク人もこなた様へ参る　〽まんだ参る才造や鼻水たラシの身ぎたない　お腹の大きなホテテコテンおやホテテコテンのホテイ様か参る　〽まんだ参る才造や　やあかん頭をふり立てゝゑび腰姿のおぢいさん誰いじゃどなたじゃ寿老人ではないか　〽其の又次が誰いなら　ぐんにゃりすんにゃり柳腰の御色の白い目ばちやかな　おへど小さいお前の大きなホホべんざい天ではないか　〽そこでびしゃ門りんきして　七福神の其の中で　べんざい一人をなぜはめたあと　一ぱい機嫌で申す　〽ほめて喜ぶ御代ならば　歌ひ始めや舞治め　御旦那様の御ききようは去年よりも今年太夫〽千年なる御祝と　才造〽万才楽までもー

御門ばやし

〽変る春は又元日や　御伊勢山では御宮様の御門か　一寸都では内裏様の御門　〽こな様の御門が　銭倉や金倉や土蔵倉　御門まで　〽又倉の御門迄万才楽が三福一つのりかゝりてはへしかゝるひろがる時やはたけ

る時あらけないぞや音がするぞよ　〽中え（ママ）きりぎりきりぎりぱっとひらいてさあーしてこそ御門とびらを（ママ）し開けばこれよ　〽これかこれから東京へ下りては朝廷様の御屋敷本丸や三の丸日比谷門、とらの門、神田橋やかじい橋やごく（ママ）橋の御門　〽表の御門が千間町お裏の御門万間町　国おつつらつうとつんぬいてはつばだかりたではないか　〽そこら□のじょう様たちやお姉様おとなり座敷で　面目無い程つばたかりたないかつばだかりた心持夜だ昼だ時無しにどうにもこうにも太夫様むくつく御倉だむく〳〵　〽おぐらついては御目出度中のかいの太夫様や　おやよい所を祝いてぞまいる千年なる御祝と万才楽までもー

茶ばやし

春は又オヤ国々の御茶が参る　御茶の出所に取りては　紀州で紀の国熊野辺も茶所ではないかー　〽ごう州へと廻りては皆口、土山まん所も御茶所では無かあー　〽伊勢の国へ廻りては香取辺から河上オヤこもの辺も御茶所ではないかー　〽美濃の国え廻りてはいびに　合どむつの茶オヤ池田辺も御茶所ではないかー　〽尾張の国へ廻りては、ウツツ辺からさあかい辺も御茶所ではないかー　〽三河の国へ廻りては　新城や宮崎辺も御茶所ではないがあー　〽遠みの山なし駿河ではあべに本山新山も御茶所ではないかー諸国諸所に名茶粉茶があると云へども宇治の茶にはつづかんではないかー　〽宇治のサー本山の茶に取りては　春は又本の芽かふいたら茶の芽をつむ　〽其の又茶の芽をつむ時　其れ〳〵そこらの御姉様や　御若衆が三度笠や妻折笠　おぽろ染めのゆかたを召して　せんだら織の帯をしめて　むくら縞のうでぬきはめて　かの子たすきをしゃんとかけて　大歌小歌を流してぞ　御摘みあればこれ様　〽茶を摘んではほいろかけ　もんでもんでもみからかして　ひぞらかしてはこれよう　〽御茶つぽに取りては　備前焼から唐津焼　くすべ焼の御茶つぽ

にやどんとつめて　上には又口紙あてて　ねんの入れたる封印づくめでこなた様へ参る　〽こなた様の御茶の席に取りては　備後畳を敷きつめて　床間辺を見渡せしたん黒たん　床ぶち床板床南天の床柱長えじくには松竹梅末相そえて参る　〽右と左に取りては　黒金なんぞの鉄びん取り出しキメンの火鉢にチョイと掛けてごとく〳〵〳〵とにへたゝせ　唐津焼の御茶わんに御茶を立て　差し出せばオヤ五文服も頂戴致せばえよう　〽茶にうかされ昔の事を思ひ出し　ばあさん御出ぢいさん御出孫にも曾孫《ひこ》にも話せん所の大相談が御始りまいては御目出度なかはかいの太夫様やオヤ良所を祝いてぞ参る太夫　〽千年なる御祝と　〽万才楽までもー

六条万歳

もうも親らん上人様の由来をくわしく。尋ね奉れば。本国は大和の国。御たん生は都てんな　春日様よりもんな。二十七代目の御和子様が　はんや中なの郡よ。君と申せし奉れば　其の名が松若丸様よ。父母におくれし御年九才　春の頃に。御ていはつをなされける。十と五才と申する時に。粟田口のしょうれんよりも。十と九才と申せし時天台宗へ御上りありて　学問をなされける。百日百夜願掛けなさる。ゑい山の御門ぜき迄　御成りお上りなされて。都は下京よ。六衆六角堂の。九世《（ママ）》のぽさつに御帰世を掛けて。下月の廿五日から御修業にかゝりなさりける。明の三月五日の夜には。あら有難くも観音様が。枕上にと御立ち有りて　都は東山よ。黒谷のほうねん様と。御開山なる上人様の　かたじけ無くも。此よ二人の御僧様志御師生《（ママ）》と頼れ立て奉れば七千余巻の其の中よりも　大経小経や　三部の経や　あみだの経はたふ時《（ママ）》経よ　七拾と七代目の其の時に　師しょう様との御為にとりてんな　四国西国まわりて。六拾六国の門徒が。はじまる御繁昌する。

およしのどきょうが建立上げて。其の後親らん上人様の　御堂が立つよ。御堂作りを御がみ申せば。屋根の瓦が目に輝けば。庭のゆさくもあきらかなるよ　水よたゞきが六万九千。三百八十四枚そうある。とひらの数は百八枚と　畳の其の数はんな。千三百九十四丈《（ママ）》けぬきゃやはせにひっとしきつめ　柱の其数はんな。九拾九本に立てならべひかりかがやくばかりなり。内のけしきを御がみ申せは。天井がにしきの天井よ。御しきお連代めりよたる木あやの御堂の結構はんな　御内陣なるほり物あらく語り申せば。獅子のぽたんや竹に寅よ。梅にうぐいす迄もんな　くじゃくほうをうや京やひなんさが舞ひさがるところもなくし□花やかにほうらせ給ふ廿四孝のほりものあらく　かたり申せば。かきようふうくの人々はんな。親に孝行の御為とてな。我が子を土にとうずめんとせしが。打ちたる鍬の下よりもんな　黄金のの鎌をばほり出され。松代長者とさかいける。あし中しそんと云ふ人はんな　此もよしよにて父にをくれしは一人をはへし竹。てのゆらいの八十二さようふ　人なはんな。朝をも晩とも長せき共。血の涙のちぶさ口にふくませ。おはえしまする。或る時母子の願ひはんな　もうそうの良し聞こし召される。母の願をかなゑんとてな　みの傘取りてかたにと掛けて。鍬ふりかずいて山路を差して　おいそぎあるよ。早や山路にとなりぬればんな　雪は高山に降りつもりて。竹の子あるべきとこで無し。こゝに仏のあてがいにて。寒竹《（ママ）》竹の子三本生じきめされ。いそぎ取もつ母後の願ひ

天神万才

鶴は千年の御祝を保つ亀は万年の御祝を保つ鶴より亀より松竹より御家は益々御はん昌するローシトコーシと問答すれば御家は富貴に治まりてんな　天神が七代地神が五代とうよーぼさつが九千代　浦島太郎は七百

余才　昔の京は難波の京　中の頃奈良の京　今なる京なる世の中わんな　御江戸にはじまり御繁盛すれば
いよ〳〵東京にはんな　御門々が六十六門　やぐら〳〵の其の数はんな　玉を連らねし如くなる御城下より
ふもとにはんな　名のある町が八百八丁其外数知れず　寺の総数一万三千三百三十三寺あるよ。其の外も数
知れずしのばずの池もあるよ。池の中には弁財天な　千鳥とカモメが友呼ぶよ　鶴と亀とか舞ひはひ遊ぶ
昼打つ波はしつたんじょうすれば　夜打つ波はんな　ぎゃ天〳〵　原総ぎや天棒じそばかよはんにゃしんは
んじゃと　打ちたる波は面白くも候ひけ　西は六社の大明神よ東は観音ぼさつ様よ、きもんにあたらせ給ひ
ける。春は花咲く桜の谷よ、秋は色持つ紅葉が山よ　はるか南が増上寺いつもたやせめ常灯明の光輝くばか
りなり　秋の彼岸の中日よりも昼は八時夜四時四《（ママ）》時八時十二時十二の神の御神様よきもんへ参らせ給ひけ
る年に彼岸の御つとめあれば一社福徳二社大社三社真玉の四社天社五社仏神得しまく成神　なされける

熱田万才（「神力」とも）

有難かりける神力の宮　きすいあらたにおわへします。さてもたふとき日本んな　御宮社頭の始まりはんな
昔暗《（ママ）》夜の其の時んな　いさなみいさなぎのみことこれよ二人の御神様は　天よりもんな高まが原に天下らせ
られて　天照皇太神宮立ごに付き　始めて此の世を取り立て給ふ　神宮皇后の御大社よ　こらいの郷をせめ
ほろぼして　八幡山には後を立てたま　引矢の神とも祝はれたよ　なにわが浦までとび行き給ふ　松尾太夫
のいっしょにはんなー　岸のひめ松いく世もへんか　河原の色はすみよしのんな　四社の宮たちこれなりけ
んな

熱田万歳の内柱立

御内神《（ママ）》する柱の数は四十八本に極りてんな、壱本の柱が一宇の御宮ますぅに高野の大明神。弐本の柱が二宇の宮様よ。参本の柱が榊の御宮、四本の柱がべんざい天よ、五本の柱が津島の神社、午頭天王と祝はれたよ、六本の柱が正八幡よ、大ばさつ、七本の柱が七福僧丈《（ママ）》、七尾の天神と祝はれたよ、八本の柱がハチスカ薬師、弘法大師が立てられたよ、九本の柱が熊野の権現国分の宮の大明神、拾本の柱がじうらせつ位高くら御神様よ、拾壱本の柱がいくし八剣熱田の神社、拾弐本の柱とて堀切薬師の大明神よ、拾参本の柱とておよそ三十五本の柱まで西方におしあてゝんな、のみや、さいづち御手に持ちて千才楽や万才楽と打ち治まる御代なれば御家は益々御繁昌するよ。

（平成六年三月一日　八開村役場発行『八開村史　民俗編』より転載。地名その他は当時の状況で記述されている。）

資料紹介

名古屋で発行された二つの郷土玩具番付
―「大供玩具大番附」と「諸国郷土玩具大番附」

長谷川洋一

はじめに

各地で作られた地域色のある玩具のことを「郷土玩具」と呼ぶことがある。主に木や紙、粘土など自然の素材を用いて手作業で生産されることが多く、土人形や張り子、縁起物や護符など様々なものが含まれる。各地に伝わる信仰、祭礼、故事を題材としたものも多い。

一般的には旅の思い出とともに土産物として、あるいは願いを込めた縁起物として購入されることが多いと思われるが、一方で多くの郷土玩具を収集するコレクターも知られており、コレクター自身や関係者から博物館等に郷土玩具コレクションが寄贈されることもある。誰でも入手することができ、身近なものであるが、調査研究の対象となり展示等で多くの人に公開される資料でもある（註1）。近年ではシリーズものの景品として販売されたり、デザインに注目した書籍が刊行されるなどしており、入手方法や目的は従来と異なるかもしれないが現在も多くの人に愛好されている。

古くから各地の郷土玩具の情報を載せた印刷物も発行されており、本稿で紹介する郷土玩具番付もその一つである。郷土玩具番付とは様々な郷土玩具を相撲の番付のように配置したものであり、いわゆる見立番付の一種である。全国各地の郷土玩具が配列された番付の他に、特定の地域の郷土玩具に限られる番付もある。大正五年（一九一六）に大阪で発行された「大供用地方玩具二百撰」をはじめとして各地で発行されており、名古屋でも「名古屋地方土俗玩具番附」（昭和二年（一九二七）六月）、「大供玩具大番附」（昭和二年七月）、「諸国郷土玩具大番附」（昭和三年二月）が発行された。

斎藤良輔編『郷土玩具辞典』では「おもちゃ番付」という項目内に「大供玩具大番附」という小項目が立てられ、「名古屋の大供玩具研究会（浜島静波）を勧進元として発行されたもの」と解説され、東西の最上段に配列された郷土玩具が記される。また「名古屋地方土俗玩具番附」という小項目も立てられ、「昭和二年（一九二七）刊の多納趣味会発行『多納趣味』二号（浜島静波主宰）に掲載されたもの。勧進元は、名古屋の趣味人を会員とする多納趣味倶楽部となっており」と解説され、行司、世話人、東西の最上段に配列された郷土玩具が記される（註2）。

『多納趣味』に記載された「名古屋地方土俗玩具番附」はその後、中島芳美著『名古屋土人形』に全体が掲載されており、その内容を確認することができる（註3）。「諸国郷土玩具大番附」については、加藤幸治著『郷土玩具の新解釈』で「浪越玩具楼編、名古屋市中区のトミヤ玩具洞富田一二発行とあり」と解説され、上半分の画像が掲載され、東西の横綱、行司、勧進元として配列された郷土玩具が記される（註4）。後述するように本稿で紹介する同番付の発行所は大供玩具研究会と記載されている。発行所の違いについては、鹿児島県指定有形文化財「玩具コレクション」の目録には「大供玩具研究会」と「トミヤ玩具洞富田一二」

を発行所とする「諸国郷土玩具大番附」が含まれていることから（註5）、発行所の記載のみが異なる同内容の番付が発行されたと考えられる。

ここまで登場した人物や団体について補足すると、濱島静波とは名古屋の郷土玩具愛好家の中心的存在であり、大供玩具研究会などを組織した人物である。富田一二も名古屋の郷土玩具収集家であり、濱島静波らとともに活動した（註6）。

大供玩具研究会の機関紙『風車』（一期）の編号兼発行人は名古屋市西区伊倉町二の濱島静波、印刷人は名古屋市中区西境町三の富田一二、発行所は名古屋市西区伊倉町二の大供玩具研究会となっている。また大供玩具研究会が発行する『風車』一―四では、「風車」同人として伊藤蝠堂、濱島静波、とみた・いちの名で新年の挨拶が掲載され（註7）、『風車』一―六では同じく三人の名で「第一期完了」の挨拶が掲載されていることから（註8）、大供玩具研究会はこれらの人々を中心とした会であったと考えられる（註9）。

多納趣味会は、機関誌『多納趣味』創刊時には濱島静波を編号主任とするものの郷土玩具のみを対象とした会ではなく、郵便切手、絵はがき、燐票、貨幣など様々な部門を含む会であった（註10）。

ここまでみてきたように名古屋で発行された郷土玩具番付のうち、「大供玩具大番附」と「諸国郷土玩具大番附」については、これまで概要や内容の一部は紹介されることはあったが、多くの郷土玩具が掲載されていることもあって詳細な内容は紹介されていなかった。筆者はこの二つの郷土玩具番付を個人的に所有しており、本稿ではその内容を紹介する（註11）。

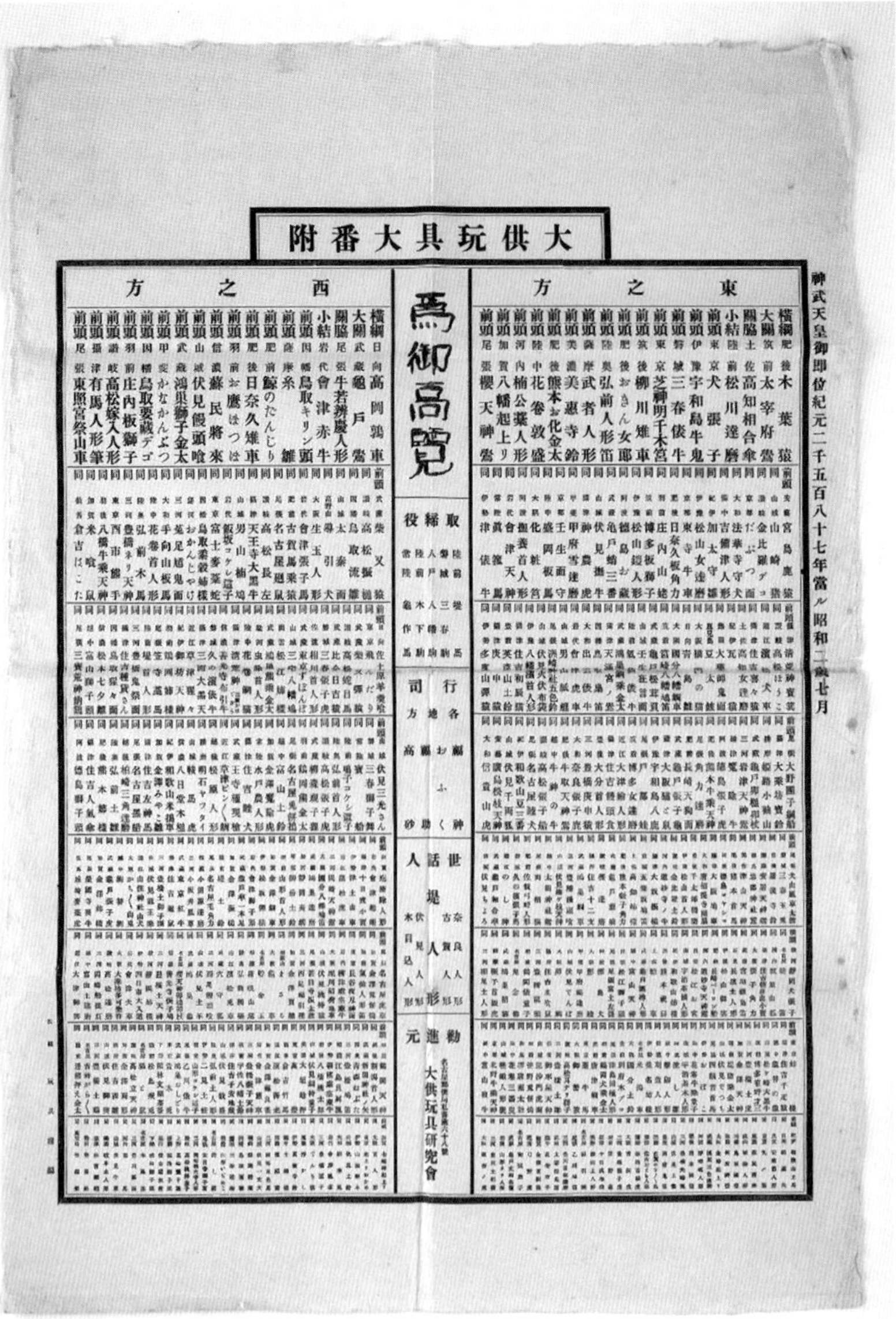

大供玩具大番附　縦 63.5cm、横 44cm

一　大供玩具大番附

昭和二年七月発行。番付の最上段に題名が記され、日本各地の郷土玩具が東西（東之方、西之方）に分けられる。中央最上段には「為御高覧」と記され、中央二段目以降の取締役、行司、世話人には各地各種の郷土玩具一四件が名を連ね、勧進元は大供玩具研究会となっている。

東西それぞれ八段に分かれ、各段に記された郷土玩具の数は一段目一八、二段目二五、三段目二八、四段目二八、五段目三二、六段目三一、七段目三五、八段目三五であり、東西それぞれ二三一件、計四六二件の郷土玩具が記される。

個別の郷土玩具については地位、地名、郷土玩具名の順に記される。東西ともに横綱、大関、関脇、小結が一件、その後はすべて前頭である。

欄外に編者として波越玩具楼とある。

【翻刻】

（題名）大供玩具大番附

（欄外）神武天皇御即位紀元二千五百八十七年当ル昭和二歳七月
浪越　玩具楼編

（中央　最上段）為御高覧

（中央　二段目）取締役　陸前　堤馬
磐城　三春駒
八戸　八幡駒
陸前　木下駒
常陸　亀作馬

（中央　三段目）行司　各地方　福神
おふく
福助
高砂

（中央　四段目）世話人　奈良人形
古賀人形
堤人形
伏見人形
木目込人形

（中央　五段目）勧進元　名古屋郵便局私書箱六十八号
大供玩具研究会

東之方

（東之方　最上段）

横綱　肥後　木葉猿
大関　筑前　大宰府鷽
関脇　土佐　高知相合傘
小結　陸前　松川達磨
前頭　東京　犬張子
前頭　伊予　宇和島牛鬼
前頭　磐城　三春俵牛
前頭　東京　芝神明千木筥
前頭　筑後　柳川雉車
前頭　肥後　おきん女郎
前頭　陸奥　弘前人形笛
前頭　薩摩　武者人形
前頭　美濃　美恵寺鈴
前頭　肥後　熊本お化金太
前頭　陸中　花巻敦盛
前頭　河内　楠公藁人形
前頭　加賀　八幡起上り
前頭　尾張　桜天神鷽

（東之方　二段目）

前頭　安芸　宮島鹿猿
同　山城　山崎猪
同　讃岐　金毘羅デコ
同　京都　だぶつ面
同　大和　法華寺守犬
同　備中　吉備津人形
同　紀伊　加太守雛
同　伊予　松山女達磨
同　京都　東寺牛車
同　肥後　日奈久板角力
同　羽前　庄内山姥
同　筑前　博多板獅子
同　伊予　松山鎧人形
同　阿波　徳島お蔵
同　武蔵　亀戸蛸三番
同　山城　伏見撫牛
同　摂津　神農虎
同　甲斐　甲府雪達磨
同　京都　壬生面守
同　陸中　盛岡板馬
同　大隅　化粧筥
同　阿波　撫養首人形
同　岩代　会津天神
同　常陸　真菰馬
同　伊勢　津俵牛

（東之方　三段目）

前頭　摂津　清荒神宝箕
同　讃岐　高松ほうこ
同　遠江　浜松犬車
同　摂津　住吉喜々猿
同　土佐　高知女達磨
同　紀伊　瓦猿
同　熱田　大薬師鬼面
同　鹿児島　豆太鼓
同　大阪　猫門の猫
同　日向　青島雛
同　大隅　国分八幡鯛車
同　筑前　筥崎八幡鳩笛
同　武蔵　亀戸松茸負
同　山城　壬生狂言面
同　陸前　気仙俵牛
同　武蔵　鴻巣鯛乗金太
同　摂津　天満宮ノ鷽
同　因幡　鳥取梟笛
同　大和　出雲俵牛
同　岩代　会津虎車
同　山城　男山紙鯉
同　尾張　洲崎神社五色鈴
同　山城　伏見火伏布袋
同　伊予　八幡浜首人形
同　摂津　住吉初辰猫
同　豊前　英彦山土鈴
同　摂津　庚申猿
同　伊勢　多度山弾猿

（東之方　四段目）

前頭　尾張　大野団子綱船
同　摂津　大乗坊宝鈴
同　播摩　姫路小袖山
同　武蔵　亀戸卯槌卯杖
同　三河　岩津天神鷽
同　摂津　魔除牛
同　阿波　徳島張子虎
同　肥後　熊本牛乗天神
同　尾張　角力達磨
同　肥前　長崎天狗面
同　武蔵　亀戸張子亀
同　摂津　大阪猫と鼠
同　伊予　宇和島八鹿
同　尾張　戸部蛙
同　筑前　博多女達磨
同　近江　大津絵人形
同　摂津　住吉饅頭食
同　豊後　大分首人形
同　三河　豊橋庚申猿
同　大和　奈良張子鹿
同　肥後　牛取天神鷽
同　越中　牛神の牛
同　讃岐　高松張子船
同　尾張　名古屋睦犬
同　紀伊　和歌山豆三番
同　山城　伏見千両狐
同　安芸　広島松枝天神
同　大和　信貴山虎

（東之方　五段目）

前頭	尾張	犬山風車太皷
同	磐城	三春玉兎
同	豊前	羅漢寺鈴
同	摂津	安居天神鷽
同	徳島	忌部神社鷽
同	美作	津山天神
同	肥後	熊本首馬
同	阿波	徳島ヨヤショ
同	摂津	大阪鳩車
同	大和	唐招提寺団扇
同	豊後	千太郎独楽
同	伊予	松山首人形
同	讃岐	金毘羅土鈴
同	河内	道妙寺ノ牛
同	摂津	大阪振槌
同	山城	五條坂鳩笛
同	土佐	高知姉様
同	肥後	熊本張子角力
同	武蔵	亀戸藤娘
同	讃岐	櫟達磨
同	摂津	住吉十二支
同	武蔵	鴻巣鯛車
同	三河	豊橋饅頭喰
同	山城	伏見梅ヶ枝天神
同	越中	太田神社鷽
同	尾張	両招猫
同	肥前	佐賀弓野人形
同	磐城	久の浜張子馬
同	遠江	のし神
同	武蔵	亀戸相合傘
同	山城	伏見ちよろ

（東之方　六段目）

前頭	駿河	静岡犬張子
同	名古屋	蛙笛
同	河内	瓢箪山狐
同	摂津	住吉朝日山小宝
同	大阪	張子角力
同	筑前	宮地嶽梟笛
同	石見	長浜土人形
同	伊予	松山御輿
同	肥前	長崎ペーロン船
同	河内	道妙寺天神鷽
同	出雲	松江お宮
同	山城	宇治茶摘人形
同	紀伊	和歌山姉様
同	肥後	熊本祝臼
同	土佐	鯨車
同	武蔵	亀戸酒樽人形
同	越中	富山天神
同	出雲	松江獅子頭
同	尾張	尾張富士左鎌
同	阿波	徳島犬
同	大阪	影絵
同	甲斐	甲府福達磨
同	山城	伏見でんぼ
同	大阪	勇鯛
同	摂津	住吉米喰鼠
同	三河	豊橋龍頭
同	羽前	鶴岡俵童子
同	名古屋	鬼念仏
同	武蔵	鴻巣招猫
同	薩摩	張子首振虎
同	三河	棚尾土人形

（東之方　七段目）

前頭	東京	姉様
同	摂津	住吉千匹猿
同	越中	亀替の亀
同	山城	松ヶ崎大黒牛
同	筑前	博多笹野才三
同	三河	豊橋土虎
同	加賀	金沢天神
同	陸前	堤猪乗金太
同	山城	伏見でつち
同	尾張	四観音首馬
同	伊勢	おぼこ
同	陸中	花巻牛乗童子
同	山城	宇治茶木人形
同	阿波	流し雛
同	越中	撃剣人形
同	信濃	刈萱人形
同	伊勢	桑名姉様
同	名古屋	米搗車
同	大隅	国分土鈴
同	豊前	別府木デコ
同	尾張	津島田植人形
同	羽前	鶴岡犬乗金太
同	肥前	唐津鯛車
同	東京	藁牛馬
同	大阪	御幣猿
同	讃岐	高松耳ナリ獅子
同	三河	豊橋土雛
同	伯耆	御来屋天神
同	山城	毘沙門面
同	羽前	笹野兎餅搗
同	和泉	堺蒲団太鼓
同	陸中	花巻三番叟
同	山城	嵯峨人形硯
同	京都	北野牛乗天神
同	越中	富山寝牛

（東之方　八段目）

前頭	紀伊	和歌山土馬
同	日向	福蔵矢
同	出雲	安来節人形
同	東京	丸〆猫
同	尾張	蘇民将来
同	桃山	埴輪人形
同	因幡	鳥取姉様
同	陸前	便所神様
同	大阪	金時起上リ
同	武蔵	鴻巣三色達磨
同	阿波	浄瑠璃人形
同	肥後	熊本姉様
同	三河	豊橋夫婦兎
同	山城	伏見土龍
同	豊後	別府鬼笛
同	肥前	古賀ホウホウ鳥
同	摂津	住吉おとも人形
同	播摩	姫路首振虎
同	大阪	首振虎
同	三河	豊橋張子虎
同	羽前	笹野亀
同	摂津	十日戎布袋
同	美作	津山土人形
同	名古屋	福引種
同	尾張	乙川鳩笛
同	三河	豊川目無達磨
同	筑前	大宰府鬼面
同	陸中	花巻唐子
同	加賀	金沢首振猫
同	肥前	弓野虎
同	名古屋	初戎熊手
同	武蔵	亀戸文福茶釜
同	羽前	山形ネリ人形
同	三河	豊川土稲荷
同	大阪	銀杏ノ虎

（西之方　最上段）

横綱　日向　高岡鶉車
大関　武蔵　亀戸鷽
関脇　尾張　牛若弁慶人形
小結　岩代　会津赤牛
前頭　因幡　鳥取キリン頭
前頭　薩摩　糸雛
前頭　肥前　鯨のだんじり
前頭　肥前　日奈久雉車
前頭　羽前　お鷹ぽっぽ
前頭　信濃　蘇民将来
前頭　山城　伏見饅頭喰
前頭　武蔵　鴻巣獅子金太
前頭　甲斐　かなかんぶつ
前頭　因幡　鳥取要蔵デゴ
前頭　羽前　庄内板獅子
前頭　讃岐　高松嫁入人形
前頭　摂津　有馬人形筆
前頭　尾張　東照宮祭山車

（西之方　二段目）

前頭　武蔵　柴又猿
同　讃岐　高松振槌
同　因幡　鳥取流雛
同　山城　太秦面
同　高野山　導引犬
同　大阪　生玉人形
同　岩代　会津張子馬
同　肥前　古賀馬乗猿
同　尾張　名古屋廻鼠
同　讃岐　高松長左
同　摂津　天王寺大黒牛
同　山城　男山楠鳩
同　岩代　飯坂コケシ這子
同　東京　富士麦藁蛇
同　因幡　鳥取黍殻姉様
同　駿河　おかんじゃけ
同　三河　菟足馗鬼面
同　大和　手向山板馬
同　陸中　花巻首人形
同　陸奥　弘前木馬
同　三河　豊橋ネリ天神
同　東京　西市熊手
同　羽後　八橋牛乗天神
同　加賀　米喰鼠
同　伯耆　倉吉はこた

（西之方　三段目）

前頭　日向　砂土原羊羹喰
同　東京　飛んだり
同　武蔵　柴又弾猿
同　讃岐　高松蛇目馬
同　武蔵　比企日吉猿
同　磐城　三春張子虎
同　佐渡　相川首人形
同　武蔵　東京ずぼんぼ
同　山城　三宅八幡鳩
同　出雲　松江姉様
同　武蔵　鴻巣熊乗金太
同　駿河　虫除首人形
同　陸中　花巻鯛猫
同　摂津　清荒神三宝かけぢから
同　信濃　善光寺布引牛
同　磐城　久の浜俵牛
同　摂津　三面大黒天
同　近江　草津猩々
同　紀伊　御坊天神
同　羽前　鶴岡姉様
同　尾張　笠寺藁馬
同　陸前　堤首人形
同　三河　豊橋鬼祭面
同　摂津　住吉種貸さん
同　因幡　鳥取猩々面
同　信濃　松本七夕雛
同　越中　富山獅子頭
同　尾張　三宝荒神納鶏

（西之方　四段目）

前頭　山城　伏見三光さん
同　磐城　三春獅子舞
同　常陸　宝船
同　陸前　鳴子コケシ這子
同　陸奥　弘前首人形
同　讃岐　高松張子虎
同　武蔵　柳森親子狸
同　羽前　鶴岡熊金太
同　尾張　名古屋兎餅搗
同　越中　富山土鈴
同　加賀　金沢魔除虎
同　常陸　水戸農人形
同　摂津　住吉睦犬
同　武蔵　王寺権現槍
同　近江　草津ピンピン鯛
同　越後　松原人形
同　播磨　明石ヤツタイ
同　山城　鞍馬虎
同　信濃　八日堂木槌
同　紀伊　和歌山米搗車
同　加賀　金沢みやこ雛
同　摂津　住吉左神馬
同　尾張　名古屋黒船
同　越後　柏崎三角達磨
同　陸奥　弘前土雛
同　肥後　熊本姉様
同　摂津　住吉人気傘
同　阿波　徳島獅子頭

（西之方　五段目）

前頭	加賀	疱瘡除人形
同	岩代	会津起姫
同	摂津	十日戎小宝
同	伊勢	津土山車
同	遠江	浜松虎車
同	三河	岡崎天神鷽
同	大隅	国分八幡鳩笛
同	武蔵	鴻巣達磨
同	駿河	静岡夷鯛
同	甲斐	御岳土鈴
同	羽前	山形首人形
同	加賀	金沢鯛車
同	伊勢	松坂弾猿
同	岩代	会津獅子頭
同	武蔵	亀戸傘一本足
同	加賀	金沢振槌
同	陸前	堤土鈴
同	尾張	名古屋毛角力
同	相模	小田原達磨
同	三河	小坂井風車
同	武蔵	東京紅牛
同	摂津	住吉廻鼠
同	三河	豊橋土獅子頭
同	山城	伏見龍王乗
同	遠江	山住神社山犬
同	大阪	かちかち山兎
同	越中	鯛替鯛
同	武蔵	亀戸張子虎
同	加賀	金沢姉様
同	尾張	栄国寺寝牛
同	但馬	城崎麦藁虎

（西之方　六段目）

前頭	尾張	名古屋虎車
同	加賀	金沢兎餅搗
同	陸前	気仙人形笛
同	東京	長谷夜叉神面
同	岩代	柳津虚空蔵牛
同	大阪	堀川稲荷地車
同	山城	伏見桃持猿
同	尾張	甚目寺振太鼓
同	三河	西尾福引種
同	加賀	金沢宝船
同	羽黒山	まさる
同	大阪	亀車
同	名古屋	貯金玉
同	相模	箱根山駕
同	陸奥	弘前独楽
同	遠江	浜松兎車
同	武蔵	穴守狐
同	三河	西尾饅頭喰
同	山城	伏見土羊
同	武蔵	鴻巣亀
同	名古屋	桜天神卯槌卯杖
同	信濃	善光寺張子鳩
同	三河	豊橋土天神
同	駿河	静岡姉様
同	伊勢	四日市大入道
同	岩代	会津犬車
同	大阪	大乗坊多可楽杵
同	讃岐	高松達磨
同	三河	岡崎船提灯
同	越中	富士山達磨
同	近江	大津御輿

（西之方　七段目）

前頭	羽前	鶴岡天神
同	越後	新潟首人形
同	武蔵	新田神社ノ矢
同	陸奥	青森ねぶた
同	三河	豊橋鳩笛
同	相模	江島貝屏風
同	伊勢	朝熊虚空蔵牛
同	羽後	八橋桃太郎
同	山城	伏見鯛持童子
同	美濃	大垣鯰押
同	東京	万灯
同	伯耆	倉吉竹馬
同	遠江	浜松海老
同	加賀	金沢福良雀
同	岩代	会津熊車
同	三河	豊橋張子天神
同	筑前	宇佐八幡土鈴
同	摂津	住吉子安地蔵
同	山城	伏見敦盛
同	陸奥	弘前土人形
同	伊勢	二見土蛙
同	羽前	山形コケシ這子
同	尾張	乙川俵牛
同	武蔵	鴻巣おしどり
同	東京	萱木兎
同	下野	館林文福茶釜
同	陸前	松島飛兎
同	名古屋	猫と鼠
同	讃岐	高松立天神
同	加賀	金沢面形
同	摂津	住吉裸雛
同	山城	伏見御輿
同	三河	豊橋土鶏
同	名古屋	吉祥がらがら
同	陸前	堤熊押えら金太

（西之方　八段目）

前頭	加賀	七福神起上リ
同	大阪	首人形
同	東京	起上リおかめ
同	伊勢	山田細木
同	山城	伏見土鈴
同	大和	鰐乗兎
同	岩代	会津風車
同	三河	豊橋這子
同	大阪	でんち猿
同	尾張	浮かし
同	伊勢	万宝寺鈴
同	越中	土姉様
同	陸前	堤稲荷
同	三河	岡崎五色馬
同	山城	伏見一文犬
同	羽前	蘇民将来
同	因幡	鳥取面被
同	磐城	三春達磨
同	羽前	山形いぢめこ
同	名古屋	釣し鯛
同	尾張	甚目寺獅子面
同	三河	岡崎明大寺人形
同	讃岐	高松桃持童子
同	上野	高崎張子猫
同	播摩	姫路獅子頭
同	摂津	住吉虚無僧
同	下総	成田獅子頭
同	名古屋	木兎笛
同	三河	豊川狐面
同	河内	藁馬
同	山城	伏見牛車
同	美濃	岐阜土人形
同	摂津	住吉纏蛇
同	熱田	巻藁船
同	鹿児島	竹独楽

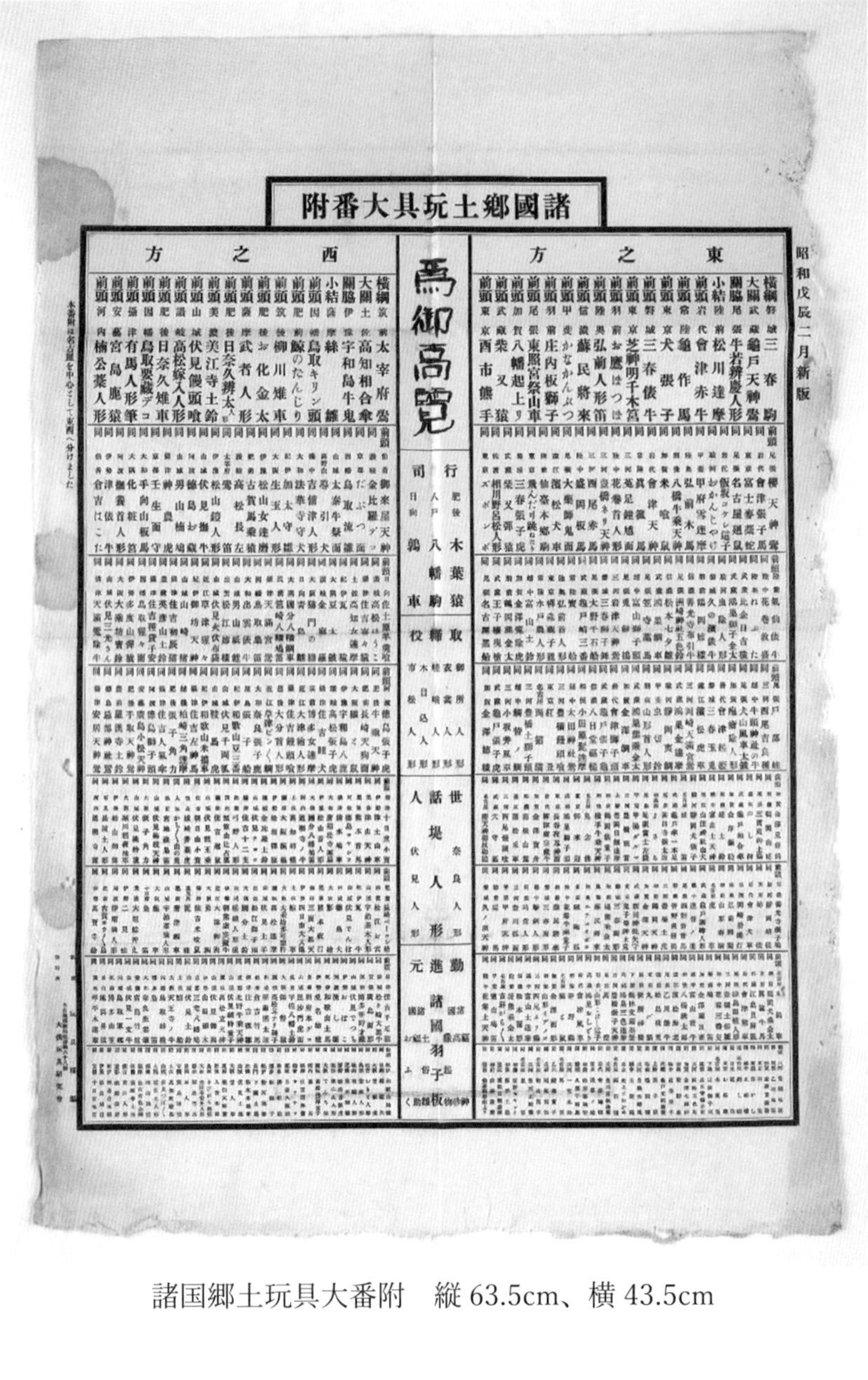

諸国郷土玩具大番附　縦 63.5cm、横 43.5cm

二　諸国郷土玩具大番附

昭和三年二月発行。番付の最上段に題名が記される。欄外に「本番附は名古屋を中心として東西へ分けました」とあるように、日本各地の郷土玩具が所在する地域に応じて東西に分けられる（註12）。

中央最上段には「為御高覧」と記され、中央二段目以降の行司、取締役、世話人、勧進元には各地各種の郷土玩具一八件が名を連ねる。

東西それぞれ八段に分かれ、各段に記された郷土玩具の数は一段目一八、二段目二五、三段目二八、四段目二八、五段目三一、六段目三一、七段目三五、八段目三九であり、東西それぞれ二三五件、計四七〇件である。個別の郷土玩具については地位、地名、郷土玩具名の順に記される。東西ともに横綱、大関、関脇、小結が一件、その後はすべて前頭である。

欄外に編者として浪越玩具楼、発行所として大供玩具研究会とある。

【翻刻】

（題名）諸国郷土玩具大番附

（欄外）昭和戊辰二月新版
本番附は名古屋を中心として東西へ分けました
浪越　玩具楼編
発行所　名古屋郵便局私書箱六十八号
大供玩具研究会

（中央　最上段）為御高覧

（中央　二段目）行司
肥後　木葉猿
八戸　八幡駒
日向　鶉車

（中央　三段目）取締役
御所人形
衣裳人形
嵯峨人形
木目込人形
市松人形

（中央　四段目）世話人
奈良人形
堤人形
伏見人形

（中央　五段目）勧進元
福神
諸国　高砂
縁起物
諸国　羽子板
土俗雛
諸国　福助
おふく

東之方

（東之方　最上段）

横綱　磐城　三春駒
大関　武蔵　亀戸天神鷽
関脇　尾張　牛若弁慶人形
小結　陸前　松川達摩
前頭　岩代　会津赤牛
前頭　常陸　亀作馬
前頭　東京　犬張子
前頭　磐城　三春俵牛
前頭　東京　芝神明千木筥
前頭　羽前　お鷹ぽっぽ
前頭　陸奥　弘前人形笛
前頭　信濃　蘇民将来
前頭　甲斐　かなかんぶつ
前頭　羽前　庄内板獅子
前頭　尾張　東照宮祭山車
前頭　加賀　八幡起上り
前頭　武蔵　柴又猿
前頭　東京　西市熊手

（東之方　二段目）

前頭　尾張　桜天神鷽
前頭　岩代　会津張子馬
前頭　東京　富士麦藁蛇
前頭　尾張　名古屋廻鼠
前頭　岩代　飯坂コケシ這子
前頭　駿河　おかんじゃけ
前頭　甲斐　甲府雪達摩
前頭　陸奥　弘前木馬
前頭　羽後　八橋牛乗天神
前頭　加賀　米喰鼠
前頭　岩代　会津天神
前頭　常陸　真菰馬
前頭　三河　菟足鐘馗面
前頭　陸中　花巻首人形
前頭　三河　豊橋ネリ天神
前頭　三河　西尾赤馬
前頭　陸中　盛岡板馬
前頭　尾張　大薬師鬼面
前頭　遠江　浜松犬車
前頭　陸前　仙台本郷駒
前頭　東京　飛んだり跳ねたり
前頭　磐城　三春張子虎
前頭　武蔵　柴又弾猿
前頭　佐渡　相川野呂松人形
前頭　東京　ズボンボ

（東之方　三段目）

前頭　陸前　気仙俵牛
同　陸中　花巻敦盛
同　陸奥　ねぶた
同　武蔵　比企日吉猿
同　武蔵　鴻巣獅子金太
同　駿河　虫除人形
同　磐城　久の濱俵牛
同　羽前　鶴岡姉様
同　信濃　善光寺布引牛
同　尾張　洲崎神社五色鈴
同　信濃　松本七夕雛
同　武蔵　鴻巣鯛車
同　尾張　笠寺藁馬
同　越中　富山獅子頭
同　尾張　兎餅搗
同　三河　岩津天神鷽
同　磐城　三春獅子舞
同　尾張　大野千石船
同　武蔵　亀戸蛸三番
同　常陸　宝船
同　陸奥　弘前首人形
同　東京　柳森親子狸
同　常陸　水戸農人形
同　越中　富山土鈴
同　加賀　金沢魔除虎
同　羽前　鶴岡熊金太
同　武蔵　王子権現槍
同　尾張　名古屋黒船

（東之方　四段目）

前頭　尾張　戸部蛙
同　三河　西尾吉良種
同　越中　牛頭神社の牛
同　尾張　犬山風車太鼓
同　加賀　疱瘡除人形
同　岩代　会津起姫
同　磐城　三春玉兎
同　遠江　浜松虎車
同　三河　岡崎天満宮鷽
同　武蔵　鴻巣金達摩
同　駿河　静岡夷鯛
同　甲斐　虫切鈴
同　羽前　山形首人形
同　武蔵　鴻巣熊乗金太
同　加賀　金沢鯛車
同　岩代　会津獅子頭
同　武蔵　亀戸張子亀
同　信濃　八日堂福槌
同　相模　小田原髭達摩
同　越中　太田神社鷽
同　三河　豊橋饅頭喰
同　東京　紅丑
同　名古屋　両招猫
同　三河　豊橋土獅子頭
同　越中　鯛替ノ鯛
同　三河　小坂井風車
同　武蔵　亀戸張子虎
同　加賀　金沢姉様

（東之方　五段目）

前頭	加賀	金沢兎餅搗
同	羽前	鶴岡山姥
同	尾張	三宝荒神土鶏
同	遠江	のし神
同	武蔵	亀戸相合傘
同	加賀	金沢振槌
同	陸前	堤土人形
同	越中	富山土天神
同	遠江	山住神社山犬
同	駿河	静岡犬張子
同	名古屋	蛙笛
同	武蔵	亀戸傘一本足
同	尾張	甚目寺振太鼓
同	羽黒山	まさる
同	尾張	尾張富士左鎌
同	甲斐	甲陽ダルマ
同	三河	豊橋龍首
同	上野	豊岡目無達摩
同	羽前	鶴岡俵童子
同	羽後	横手牛乗天神
同	名古屋	鬼念仏
同	東京	御来迎
同	武蔵	鴻巣獅子頭
同	東京	長谷夜叉神面
同	岩代	柳津虚空蔵牛
同	加賀	金沢宝舟
同	相模	箱根山駕
同	遠江	浜松兎車
同	三河	西尾饅頭喰
同	武蔵	穴守狐
同	名古屋	桜天神卯杖卯槌

（東之方　六段目）

前頭	信濃	善光寺張子鳩
同	駿河	静岡姉様
同	東京	姉様
同	岩代	会津犬車
同	三河	岡崎船提灯
同	陸奥	弘前独楽
同	羽前	山形春駒
同	名古屋	虎車
同	武蔵	亀戸酒樽人形
同	越中	蓮替ノ蓮
同	尾張	四観音首馬
同	羽前	笹野兎餅搗
同	三河	豊橋土虎
同	羽前	鶴岡天神
同	加賀	金沢天神
同	武蔵	新田神社矢守
同	東京	鬼子母神木兎
同	磐城	三春面形
同	陸前	堤熊乗金太
同	尾張	蘇民将来
同	陸奥	エチコオボコ
同	東京	鉄砲狐
同	陸中	花巻牛乗童子
同	羽前	蘇民将来
同	磐城	三春面形
同	越中	撃剣人形
同	信濃	苅萱人形
同	三河	豊川狐面
同	甲斐	甲府天神
同	陸前	堤馬
同	磐城	久ノ浜天神

（東之方　七段目）

前頭	名古屋	米搗車
同	羽前	鶴岡犬乗金太
同	東京	真菰牛馬
同	相模	江島貝屏風
同	岩代	会津熊車
同	尾張	津島田植人形
同	三河	豊橋土俗雛
同	陸中	花巻三番叟
同	新潟	鳩笛
同	加賀	金沢福良雀
同	越中	富山寝牛
同	羽後	八橋桃太郎
同	遠江	浜松海老
同	尾張	乙川俵牛
同	陸前	松島飛兎
同	東京	丸〆猫
同	陸前	便所神様
同	下野	館林文福茶釜
同	武蔵	鴻巣三色達摩
同	三河	豊橋張子天神
同	東京	万灯
同	羽前	山形こけし這子
同	武蔵	鴻巣おしどり
同	岩代	会津風車
同	羽前	笹野鶏
同	名古屋	猫と鼠
同	加賀	金沢面形
同	羽前	山形イヂメコ
同	三河	西尾ネリ
同	越中	富山土達摩
同	信濃	松本面形
同	陸前	堤熊乗金太
同	名古屋	吉祥がらがら
同	甲斐	塩山鳩笛
同	陸中	花巻土天神

（東之方　八段目）

前頭	三河	豊橋鳩笛
同	尾張	乙川鳩笛
同	加賀	金沢首振猫
同	東京	面笛
同	尾張	浮かし
同	越中	土姉様
同	名古屋	釣し鯛
同	日光	眠猫
同	東京	お祭襷
同	名古屋	木兎笛
同	下総	成田獅子頭
同	尾張	甚目寺獅子面
同	三河	岡崎五色馬
同	加賀	金沢七福神
同	羽前	笹野亀
同	陸中	花巻唐子
同	上野	張子猫
同	陸前	堤稲荷
同	三河	豊橋夫婦兎
同	越中	土製鶏
同	東京	起上りおかめ
同	名古屋	福引種
同	三河	豊川目無達摩
同	岩代	会津姉様
同	東京	浅草ノ鳩
同	羽前	山形筆独楽
同	磐城	久浜千両馬
同	三河	一宮土鈴
同	名古屋	馬笛
同	乙川	鯱乗童子
同	武蔵	鴻巣招猫
同	名古屋	初夷熊手
同	三河	豊川土稲荷
同	名古屋	鼠笛
同	羽前	笹野セキレイ
同	羽後	横手土鶏
同	遠江	浜松目無達摩
同	羽前	山形達摩
同	陸前	仙台福助起上り

（西之方　最上段）

横綱　筑前　大宰府鷽
大関　土佐　高知相合傘
関脇　伊予　宇和島牛鬼
小結　薩摩　糸雛
前頭　因幡　鳥取キリン頭
前頭　肥前　鯨のだんじり
前頭　筑後　柳川雉車
前頭　肥後　お化金太
前頭　薩摩　武者人形
前頭　肥後　日奈久弁太人形
前頭　美濃　美江寺土鈴
前頭　山城　伏見饅頭喰
前頭　讃岐　高松嫁入人形
前頭　肥後　日奈久雉車
前頭　因幡　鳥取要蔵デコ
前頭　摂津　有馬人形筆
前頭　安芸　宮島鹿猿
前頭　河内　楠公藁人形

（西之方　二段目）

前頭　伯耆　御来屋天神
同　讃岐　金比羅デコ
同　京都　だぶつ面
同　因幡　鳥取流雛
同　山城　太秦牛祭面
同　高野山　導引犬
同　備中　吉備津人形
同　大和　法華寺守犬
同　紀伊　加太守雛
同　大阪　生玉人形
同　伊予　松山女達磨
同　肥前　古賀馬乗猿
同　讃岐　高松長左
同　大宰府　鷽笛
同　伊予　松山鎧人形
同　山城　伏見撫牛
同　阿波　徳島お蔵
同　山城　男山楠鳩
同　摂津　神農虎
同　京都　壬生面守
同　大和　手向山板馬
同　大隅　化粧筥
同　阿波　撫養首人形
同　伊勢　津俵牛
同　伯耆　倉吉はこた

（西之方　三段目）

前頭　日向　佐土原羊羹喰
同　讃岐　高松ほうこ
同　摂津　住吉喜々猿
同　土佐　高知女達摩
同　紀伊　瓦猿
同　大隅　豆太鼓
同　讃岐　金麻羅
同　大阪　猫門の猫
同　日向　青島雛
同　大隅　国分八幡鯛車
同　筑前　筥崎八幡鳩笛
同　摂津　天満宮鷽
同　因幡　鳥取梟笛
同　大和　出雲俵牛
同　山城　男山紙鯉
同　出雲　松江姉様
同　山城　伏見火伏布袋
同　近江　草津猩々
同　紀伊　御坊天神
同　山城　山崎猪
同　摂津　住吉初辰猫
同　豊前　英彦山土鈴
同　摂津　住吉種貸子安
同　因幡　鳥取猩々面
同　伊勢　多度山弾猿
同　大阪　大乗坊宝鈴
同　山城　伏見三光さん
同　摂津　天満魔除牛

（西之方　四段目）

前頭　阿波　徳島張子虎
同　肥後　牛乗天神
同　肥前　長崎天狗面
同　大阪　猫と鼠
同　伊予　宇和島八鹿
同　讃岐　高松張子虎
同　摂津　住吉睦犬
同　筑前　博多女達摩
同　近江　大津絵人形
同　摂津　住吉饅頭喰
同　豊後　大分首人形
同　近江　草津ピンピン鯛
同　大和　奈良張子鹿
同　屋島　張子船
同　紀伊　和歌山豆三番
同　山城　伏見千両狐
同　山城　鞍馬虎
同　紀伊　和歌山米搗車
同　摂津　住吉左神馬
同　越後　柏崎三角達摩
同　肥後　張子角力
同　摂津　住吉人気傘
同　阿波　徳島獅子頭
同　安芸　広島小松天神
同　肥後　手取天神鷽
同　豊前　羅漢寺土鈴
同　徳島　忌部神社鷽
同　摂津　安居天神鷽

（西之方　五段目）

前頭　摂津　十日戎小宝
同　伊勢　津土山車
同　美作　津山天神
同　肥後　熊本首馬
同　阿波　徳島ヨヤショ
同　摂津　清水鳩車
同　大和　唐招提寺団扇
同　伊予　松山首人形
同　大隅　国分八幡鳩笛
同　河内　道明寺ノ牛
同　土佐　高知姉様
同　摂津　大阪振槌
同　伊勢　松坂弾猿
同　讃岐　金比羅土鈴
同　山城　伏見チヨロ
同　摂津　住吉十二支
同　肥前　弓野人形
同　河内　瓢箪山辻占狐
同　摂津　住吉廻鼠
同　山城　伏見龍王乗
同　住吉　朝日山小宝
同　但馬　城崎麦藁虎
同　大阪　かちかち山の兎
同　筑前　宮地嶽梟笛
同　山城　伏見梅枝天神
同　大阪　張子角力
同　山城　伏見桃持猿
同　大阪　堀川稲荷地車
同　伊予　松山御輿
同　石見　長浜土人形
同　河内　道明寺鷽

（西之方　六段目）

前頭　肥前　長崎ペーロン船
同　出雲　松江お宮
同　山城　宇治茶木人形
同　紀伊　瓦牛
同　山城　伏見でんぼ
同　阿波　徳島犬
同　大阪　影絵
同　肥後　熊本祝臼
同　摂津　三面大黒天
同　伊勢　四日市大入道
同　土佐　鯨船
同　大阪　大乗坊多可楽杵
同　讃岐　高松達摩
同　山城　伏見土羊
同　出雲　松江獅子頭
同　大隅　国分土鈴
同　山城　嵯峨人形硯
同　伊勢　朝熊虚空蔵牛
同　近江　大津御輿
同　大阪　勇鯛
同　摂津　住吉米喰鼠
同　鹿児島　髭龍
同　肥前　唐津鯛車
同　山城　宇治茶摘人形
同　大阪　亀車
同　十日市　梟笛
同　美濃　大垣鯰押え
同　伊勢　二見蛙
同　阿波　浄瑠璃人形
同　肥前　古賀ホウホウ鳥
同　伊勢　万宝寺鈴

（西之方　七段目）

前頭　摂津　住吉千匹猿
同　山城　松ヶ崎大黒牛
同　安芸　広島面形
同　筑前　博多笹野才蔵
同　山城　伏見でつち
同　伊勢　おしぼこ
同　阿波　流し雛
同　紀伊　和歌山土馬
同　伊勢　桑名姉様
同　豊前　別府木デコ
同　山城　毘沙門虎面
同　筑前　宇佐八幡土鈴
同　大阪　御幣猿
同　讃岐　高松耳ナリ獅子
同　和泉　堺蒲団太鼓
同　伯耆　倉吉竹馬
同　摂津　住吉裸雛
同　京都　北野牛乗天神
同　山城　伏見鯛持童子
同　讃岐　高松立天神
同　山城　伏見御輿
同　伊勢　山田細木
同　京都　三宅八幡鳩
同　山城　伏見土鈴
同　土佐　鯨船
同　大阪　天王寺ノ牛
同　因幡　鳥取姉様
同　博多　梟笛
同　大和　奈良鹿巻筆
同　安芸　宮島竹蛙
同　山城　伏見一文牛
同　因幡　鳥取軍艦
同　筑前　博多山笠
同　日向　延岡昇猿
同　讃岐　琴平木達摩

（西之方　八段目）

前頭　紀伊　和歌山姉様
同　日向　福蔵矢
同　大阪　首振虎
同　住吉　おもと人形
同　出雲　安来人形
同　桃山　埴輪人形
同　肥後　熊本姉様
同　播磨　姫路首振虎
同　美作　津山土人形
同　大阪　でんち猿
同　讃岐　高松桃持童子
同　河内　藁馬
同　摂津　住吉虚無僧
同　伯耆　ヤツチヤ
同　肥後　日奈久弾猿
同　博多　板獅子
同　紀伊　粉河流雛
同　長門　下関土鶏
同　肥後　熊本米搗車
同　山城　伏見土龍
同　大阪　首人形
同　筑前　綱引天神鷽
同　肥後　人吉木箱
同　鳥取　きびがら姉様
同　大和　法隆寺安井人形
同　播磨　姫路首馬
同　岩国　石人形
同　安芸　広島姉様
同　土佐　高知紙絵馬
同　山城　伏見つぼつぼ
同　大隅　帖佐土人形
同　備前　岡山姉様
同　摂津　住吉青色金剛
同　筑前　満願寺土鈴
同　住吉　有卦人形
同　京都　祇園山鉾
同　紀伊　田辺舟玉様
同　伊予　松山姉様
同　安芸　十日市鳩笛

三　補足説明

地名表記について

二つの郷土玩具番付の地名の多くは旧国名を意識した表記となっているが、同じ地域の郷土玩具であっても異なる表記がされている場合がある。たとえば愛知県の郷土玩具の多くは「尾張」あるいは「三河」であるが、中には「名古屋」「熱田」「乙川」という表記もあり、当時の名古屋市域の郷土玩具であっても「尾張」と表記される場合もあれば、「名古屋」や「熱田」と表記される場合もある。たとえば名古屋市中心部に位置する桜天神に関する「桜天神の卯杖卯槌」（大供玩具大番附では西六段目、諸国郷土玩具大番附では東五段目）は「名古屋」と表記される(註13)。その年代は「管公千二百五十年祭に因んで昭和二年正月に百二十五個を限って授与した」（註14）というように当時としては新しいものである。濱島静波をはじめとする名古屋の郷土玩具愛好家は比較的新しい時代に創作されたいわゆる創成玩具についても一定の評価をする立場であり、成立年代の比較的新しい郷土玩具もとり上げられ、「名古屋」と表記されているようにも考えられる。

ただ、「桜天神の卯杖卯槌」と同じく桜天神にちなむ「桜天神の鷽」（大供玩具大番附では東最上段、諸国郷土玩具大番附では東二段目）は「尾張」と表記されているが、その年代は「大正四乙卯の正月二十五日から十二年間大正十五丙寅迄鷽を授与した」（註15）というように「桜天神の卯杖卯槌」と大きな違いはない。型が受け継がれるなどして廃絶された郷土玩具が復興された場合もあるため年代を確定するのは難しく、また当時、個別の郷土玩具に関する年代がどのように把握されていたか確認する必要もあるため、地名表記が成立年代と対応しているかどうかについてはさらに検討が必要である。

内容の違いについて

これまでみてきたように「大供玩具大番附」と「諸国郷土玩具大番附」は同様の体裁であるが、「諸国郷土玩具大番附」では所在する地域に応じて郷土玩具を東西に配列している点が大きく異なる。また番付中央の役職の記載順やそこに記された内容、東西に配列された郷土玩具の数など若干の違いがみられる。

左の表は二つの番付の東西に配列された郷土玩具を現在の都道府県別に集計したものである。都道府県別にみると多少の増減はあるものの全体の中での割合に大きな違いはない。地元であるためか愛知県に含まれるものが最も多く、次いで、大阪府、京都府、東京都という順になっている。

	大供	諸国
北海道	0	0
青森	7	6
岩手	6	7
宮城	12	11
秋田	2	4
山形	15	19
福島	19	22
茨城	3	4
栃木	0	1
群馬	2	3
埼玉	10	9
千葉	1	1
東京	31	32
神奈川	3	3
新潟	4	3
富山	11	12
石川	15	14
福井	0	0
山梨	4	6
長野	6	7
岐阜	3	2
静岡	11	12
愛知	69	60
三重	11	11
滋賀	4	4
京都	37	34
大阪	52	47
兵庫	6	4
奈良	7	7
和歌山	8	11
鳥取	11	12
島根	5	5
岡山	3	4
広島	2	7
山口	0	2
徳島	9	9
香川	13	13
愛媛	7	7
高知	5	6
福岡	8	12
佐賀	2	0
長崎	2	0
熊本	16	19
大分	7	5
宮崎	4	4
鹿児島	9	9
沖縄	0	0

大供：大供玩具大番附
諸国：諸国郷土玩具大番附

編者について

二つの郷土玩具番付には波越（なごや）玩具楼が編者として記載されるが、玩具楼という名称については同時期の印刷物で確認することができる。たとえば『多納趣味』創刊号に掲載された「第三回趣味収集展覧会」の出品目録には「伝説に依る玩具五十点」を名古屋の濱島静波が出品したことが記され（註16）、「玩具楼主人」の名で解説文をまとめた記事も掲載されている（註17）。

また大供玩具研究会の機関紙『風車』には濱島静波による「玩愚楼漫話」が掲載され（註18）、濱島静波著『名古屋のおもちゃ』では巻末に「玩具楼」の署名捺印がされている（註19）これらのことから玩具楼とは名古屋の郷土玩具愛好家の中心的な存在であった濱島静波のことであったと考えられる（註20）。

おわりに

郷土玩具番付は、ある時点で愛好家が価値づけした多数の郷土玩具を一覧できるように配列したものである。このことをふまえて最後に郷土玩具番付を検討する意義について私見を述べる。

個々の郷土玩具は成立年代が明らかでないものも多いが、郷土玩具番付をみることによって発行時点で知られていた郷土玩具を確認することができる。また本稿で紹介した二つの郷土玩具番付に記載された各地の郷土玩具は、愛好家によって全国的な視野で評価されたものと理解することができる。

郷土玩具は各地に伝わる信仰、祭礼行事などを題材とすることが多いが、それらがすべて網羅されているわけではなく、生活文化全般からみれば限られた題材をもって製作される。そして、製作された郷土玩具は愛好家によって収集され、地域色の有無などをもとに題材、技法、出来について評価される。このように郷土玩具にはある時点での製作者や愛好家の価値観が反映されていると考えれば、郷土玩具番付の内容を検討することは、その背景について考察するきっかけになると思う。

註

註1　筆者の以前の所属であった名古屋市博物館でも多くの郷土玩具を所蔵しており、筆者自身も受入担当としていくつかの郷土玩具コレクションを受贈したことがある。新しいものでは昭和後期から平成にかけて収集されており、比較的新しい時代にも郷土玩具が愛好されていた印象がある。

註2　斎藤良輔編　一九七一年『郷土玩具辞典』東京堂（七二〜七四頁）。

註3　中島芳美　一九八六年『名古屋土人形』中島芳美（八八頁）。

註4　加藤幸治　二〇一一年『郷土玩具の新解釈　無意識の〝郷愁〟はなぜ生まれたか』社会評論社（一六七〜一六九頁）。

註5　菊野智美　二〇〇五年「鹿児島県指定有形文化財 川邉コレクション 目録」『黎明館調査研究報告』一八　鹿児島県歴史資料センター黎明館（七八頁）。

註6　富田一二著『中部日本の土玩思慕』の序と表紙絵は濱島静波が記しており（富田一二　一九三一年『中部日本の土玩思慕』富田一二）、浜島静波著『名古屋のおもちゃ』では富田一二が序を記している（濱島静波　一九三一年『名古屋のおもちゃ』浜島静波）。また『名古屋土人形』には雑志『郷土風景』（昭和八年一月発行）に掲載された「郷土玩具座談会　名古屋郷土玩具収集家を集めて」が再録されている。座談会に参加したのは収集家の富田一二、岡本六出、伊藤蝠堂、松岡嘉一郎、濱島静波、土人形製造家の野田末吉、張子製造家の加納、郷土風景社の久米龍川である（註3『名古屋土人形』八九〜一〇三頁）。

註7　一九三二年『風車』一―四　大供玩具研究会（二九〇頁）。

註8　一九三二年『風車』一―六　大供玩具研究会（四三〇頁）。

註9　「大供玩具大番附」は昭和四一年（一九六六）に復刻され、安藤舜二による解説の中には「大供玩具研究会が昭和二年に発行したものであり、編集は会員の伊藤蝠堂、富田一二両氏が担当した」という記述がある。

註10　曽我年雄　一九二七年　「愬親会の記」『多納趣味』創刊号　多納趣味会（一〇〜一三頁）。
註11　大供玩具大番附は名古屋市博物館の所蔵する郷土玩具コレクション「崇覚寺旧蔵郷土玩具」（六四五―三三四）にも含まれる。
註12　所在する地域に応じて東西に配置されたことについて『郷土玩具の新解釈』では、「本来番付の東西は地理的なものではないが、ここでは「本番附は名古屋を中心として東西へ分けました」と断り書きがあり、空間的な展開をイメージさせる構成となっている」と解説される。（註4『郷土玩具の新解釈』一六七〜一六八頁）。
註13　大供玩具大番附では「桜天神卯槌卯杖」、諸国郷土玩具大番附では「桜天神卯杖卯槌」と記される。
註14　富田一二　一九三一年『中部日本の土玩思慕』富田一二（三一頁）。
註15　富田一二　一九三一年『中部日本の土玩思慕』富田一二（三〇頁）。なお桜天神の鷽はその後復興している。
註16　一九二七年「第三回趣味収集品展覧会出品目録」『多納趣味』創刊号（二四頁）。「第三回趣味収集展覧会」は名古屋松坂屋にて昭和二年（一九二七）三月四日より八日まで開催された。
註17　玩具楼主人　一九二七年「第三回趣味収集品展覧会出陣「伝説による玩具」解説」『多納趣味』創刊号（一八〜二二頁）。
註18　濱島静波　一九三一〜一九三二年「玩愚楼漫話」『風車』一―一〜二、一―四、一―六。
註19　（註6）『名古屋のおもちゃ』（六一頁）。
註20　「大供玩具大番附」復刻版では伊藤蝠堂、富田一二が編集を担当したと解説されていることから（註9）、実務は濱島静波ではなかったかもしれないが、解説の内容も含めて検討が課題となる。

『まつり』総目次（創刊号〜83号）

津島祭前后　坪井忠彦
夏まつり…紹介…
森口多里　小倉学　斎藤槻堂　山田熊夫　保仙純剛　三村幸一
新藤久人　松田重雄　小野重朗　三宅酒壷洞　上江洲均
郷土だより〈青森　長野　三重　鳥取　徳島　愛媛　佐賀〉
中道等　向山雅重　早瀬保太郎　田中新次郎　多田伝三
森正史　木下之治
まつり文献案内…まつりと神　編集部

まつり　3号　●特集　神楽　1962年1月15日発行　品切
私の神楽研究　本田安次
石清水八幡宮の御神楽について　出雲路敬和
神楽と神事 —湯立神楽の一例—　倉林正次
神楽の音楽　塚谷晃弘
神楽雑考　上田年夫
出雲神楽の式三番　石塚尊俊
出雲山王神楽の現実　芳賀日出男
上鴨川住吉神社の神楽と周辺の神事　西谷勝也
大償神楽を見腿（写真と文）　萩原秀三郎
神楽研究ノート（まつり文献案内）　編集部
神楽だより
「津軽神楽」成田末五郎　「佐渡の神楽」山本修之助　「備中神楽」神野力　「芸北神楽」新藤久人　「大元神楽」牛尾三千夫　「隠岐の神楽」松浦康麿　「大見の太神楽」森正史　「福岡県の神楽」三宅酒壷洞　「銀鏡神社の神楽」田中熊夫
（まつり紹介シリーズ３）遠山まつりと冬まつり　向山雅重
異郷をさまよう神楽（文と写真）　喜多慶治
尾張の子供神楽　坪井忠彦
三河万才と神楽組　熊谷勉
心を知る神事と郷土芸能〈静岡県郷土芸能帳２〉　安本博
各地の神楽　編集部
巫女の神楽
まつり随想〈三〉　田中義廣
福井県の無形文化財　斎藤槻堂

まつり　4号　●特集　火とまつり　1962年7月15日発行　品切
海の火　宮本常一
人間と火と　吉田光邦
修験道と火　戸川安章
大の祭と太陽　佐々木理
お水取り（まつり紹介シリーズ４）　上司海雲
火祭りの諸問題　堀田吉雄
火のまつり（絵と文）　宮尾しげを
郷土だより
「岩手県の火祭」森口多里　「たいまつあかし」大森志郎　「会津喜多方地方の塞の神焼き」川端豊彦　「磐城の火打合いひぼい投げ」山口弥一郎　「道祖神様」中村浩　「加賀市動橋のぐずやき祭」長岡博男　「祇王の左義長」橋本鉄男　「おみとう」樋田豊　「大和の火祭り」山田熊夫　「鴨川往吉の斎灯」桐山宗吉　「厳島神社の鎮火祭」野坂元定　「福岡県の火祭り」三宅酒壷洞

山伏神楽を見て　内村直也
大償山伏神楽　佐々木直人
解説　式舞の神楽・式外の神楽・その他　山伏神楽の音楽　塚谷晃弘

まつり　9号　●特集　山とまつり　1965年12月15日発行　品切
宝満山伏の峰入り　武谷英山房蔵・松岡実校
みちのく幡祭と権立のぼり　山口弥一郎
修那羅峠の石仏群（写真と文）　柴崎高陽
数多鬼共棲める里　喜多慶治
小滝の延年の芸能　新井恒易
三河の花祭（まつり紹介シリーズ8）　後藤淑

まつり　10号　●特集　トシ神　1966年3月15日発行　品切
正月の祭と芸能　新井恒易
歳徳神祭り　山本隆
田に坐す神々II（文と写真）　喜多慶治
郷土だより〈トシ神〉
小野重朗　土井卓治　高谷重夫　向山雅重　朝比奈威夫　中道等
田の神エビス神考　小倉学
鎮火祭の祝詞　火祭の種々相4　笹谷良造
鹿児島の春祭（まつり紹介シリーズ9）　小野重朗

まつり　11号　●特集　念仏踊　1966年8月15日発行　品切
田の泥を落として—念仏聖たちの足跡（文と写真）　喜多慶治
雨乞と念仏踊　高谷重夫
各地だより
青森県…小井川静夫　岩手県…森口多里　福島県…山口弥一郎　新潟県…近藤忠造　山梨県…大森義憲　長野県…武田義実　静岡県…須藤功　福井県…永江秀雄　香川県…喜多慶治　京都府…田中義廣　岡山県…佐藤米司　山口県…松岡利夫　佐賀県…市場直次郎　長崎県…入江滑　宮崎県…西川功　鹿児島県…小野重朗
沖縄の念仏踊 —チョンダラー（京太郎）　当間一郎
サイレンボウズ　西谷勝也
萩に伝わる楽について　山田基彦
三河地方念仏踊の系譜　付三河地方念仏踊一覧表　伊藤良吉
和合の念仏踊（写真と文）　柴崎高陽
念仏芸能の系譜　五来重

まつり　12号　●特集　神がかり　1967年3月15日発行　品切
アイヌのトゥス　更科源蔵
修験道と神がかり　鈴木昭英
大元神楽見学記　萩原龍夫
南部のいだこ寄せ —おしら祭文など—　菊地久雄
「梓神子の由来」から　夏堀謹二郎
荒神神楽　岡山県備中町平川の安田神楽を中心として　佐藤米司
憑依童子 —土佐における神がかりの儀式—　吉村淑甫
祖霊加入の儀式としての荒神神楽　牛尾三千夫
奄美におけるユタの神がかり　山下欣一
与那国島のタマハテ　田中義廣
〈神がかりについて〉　編集部

まつり　13号　●特集　東海の猿楽田楽　1967年9月15日発行　品切
修正の饗宴の芸能　新井恒易
祭式と芸能の集団　新井恒易
芸能の構成と内容　新井恒易
結び　新井恒易

まつり　14号　●特集　まつりのかたち　1968年5月27日発行　品切
生のシンボル
まつりの美
まつりのかたち
まつりの意味
生と死と再生
まつりの本質と現象
神の出現
まつりの見方

まつり　15号　●特集　沖縄のまつりⅠ　1970年3月1日　品切
沖縄のまつり研究について　源武雄
日本と琉球　稲村賢敷
首里の旗頭　宮里朝光
シヌグについての覚え書　源武雄
沖縄の綱引き　前川守夫
沖縄のおどり考　福地唯方

まつり　16号　●特集　沖縄のまつりⅡ　1970年9月1日発行　品切
糸満のハーリー　源武雄
沖縄の「盆踊り」　宣保栄次郎
久高島のアミドシ祭　当間一郎
久高島のイザイホー　田中義廣
久米島の「種子取」行事　仲原義秀
久米島西銘部落の「稲大祭」　上江洲均

まつり　17号　●特集　沖縄のまつりⅢ　1971年4月15日発行　品切
宮古島の祖神祭　岡本恵昭
西東部落の麦まつり　本末清
八重山の結願祭　崎原恒新
竹富島の種子取祭について　山城善三
八重山の雨乞い信仰　崎原恒新
西表島古見むらのプール　黒マタ・白マタ・赤マタの祭礼　湧上元雄
八重山の節祭　崎原恒新
八重山地方の獅子舞と獅子祭の祝詞について　宮良賢貞

まつり　18号　●特集　修験と芸能Ⅰ　1971年10月15日発行　品切
修験芸能の源流について　村山修一
山伏のおもかげ　大島建彦
峯にかける桟 ―豊国彦山修験道の周辺―　喜多慶治

まつり　19号　●特集　修験と芸能Ⅱ　1972年4月15日発行　品切
早池峯信仰と山伏神楽　菊地照雄

伊藤巳太郎神楽話し　小国誠吉記
松川の羽山ごもり（文と写真）　田中義廣
修験道における再生儀式　トマス・インモース
修験者と芸能 —能郷白山神社をめぐって　沼賢亮
回峯修験と葛川明王院 —比叡山の修験と別院参詣　景山春樹

まつり　20号　●特集　正月とまつり　1972年10月15日発行　品切
大磯の左義長　高橋正雄
正月と火と　田中義廣
田楽と千秋万歳　新井恒易
田畑鳴合 —水海の棒ちぎり　原繁憲
財賀寺お田植祭　熊谷勉
佐渡の田遊び　山本修之助
二十日正月と地芝居　宮本端夫
餅供養・鬼祭・猩々投げ　堀田吉雄
資料 —“山の神”当番帳　編集部
甲賀の寺オコナイについて　橋本鉄男

まつり　21号　●特集　風土とまつり　1973年4月15日発行　品切
アイヌのイヨマッテ　栗原薫
村々の山伏とイタコ —加持と託宣　菊地照雄
列島のまつり —旅さきで考えたこと　須藤功
漁村のエビス社とその祭り行事 —能登半島を中心として　小倉学
薩南諸島の盆踊り　下野敏見

まつり　22号　●特集　棒　1973年10月15日発行　頒価1,500円
棒について　本田安次
オシラサマなど　小井川潤次郎
民俗舞楽における桙と撥　水原渭江
鷺舞の鷺棒について　牛尾三千夫
「棒の呪力」覚書　田中義廣
愛知県の棒の手について　加藤参郎
三匹獅子舞と棒　鹿野正男
岡山県の棒使い　佐藤栄司
愛媛県に於ける棒と民俗芸能　森正史
土佐の棒打ち・棒術　高木啓夫
肥前市川の棒つかい　市場直次郎
棒踊りの周辺　松岡実
百石踊り　桐山宗吉
薩摩棒踊り成立考　下野敏見

まつり　23号　●特集　南島のまつり　1974年4月15日発行　品切
薩南諸島に於ける刳舟製作儀礼 種子島の場合を中心として　川崎晃稔
対島・豆酘の「赤米の頭屋神事」について　小松勝助
種子島紀行　喜多慶治
徳之島葬送儀礼と祖先祭祀　赤田光男

まつり　24号　●特集　おこない　1974年10月15日発行　品切
一、「おこない」研究の沿革　二、「おこない」の意味　三、「おこない」の分布　四、「おこない」が湖北地方に周密な理由　五、「お

こない」の事例　六、「おこない」の構成　中沢成晃

まつり　25号　●特集　信仰と芸能Ⅰ　1975年3月15日　頒価1,500円
新潟県東蒲原郡の鍾馗まつり　横山旭三郎
静岡県周智郡小国神社の十二段舞楽の舞譜について　水原渭江
石垣の盆行事　崎原恒新
厨子甕と墓について　外間正幸
今帰仁の「路次楽」について　仲宗根幸市
豊松の土公神祭り　田中義廣
うわなり打ち神事　鈴木正崇
伊弉諾流神道の神祇と祭祀　石塚尊俊

まつり　26号　●特集　信仰と芸能Ⅱ　1975年6月15日発行　頒価1,600円
地神信仰と盲僧　村田熙
玄清法流の今昔　市場直次郎
肥前の盲僧　宮地武彦
豊後の盲僧　松岡実
上下の弓神楽　田中重雄
越後瞽女　鈴木照英

まつり　27号　●特集　南島のまつりⅡ　1976年3月15日発行　品切
トカラの霜月祭り　下野敏見
加計呂麻島の神祭　小野重朗

まつり　28号　●特集　藁綱Ⅰ　1976年10月15日発行　頒価1,600円
注連縄考　原田敏明
羽黒山の歳夜祭における藁綱　戸川安章
保原の苞引祭　木口勝弘
越前若狭の藁綱　朝比奈威夫
大和のカンジョウ縄　山田熊夫
藁蛇の輪の中での託宣　佐藤米司
但馬のしめかざり —その事例と宗教的意義　日野西眞定
岡山の藁蛇　土井卓治

まつり　29号　●特集　藁綱Ⅱ　1977年4月15日発行　頒価1,700円
十五夜綱引と来訪神 —薩摩半島の綱引　小野重朗
沖縄本島真栄里の綱引　佐藤善五郎
山曳き綱　八幡静男
但馬の綱引き　日野西眞定
藁綱試論(一)　—近年の年頭習俗におけるジャのセレモニーとその展開—　橋本鉄男

まつり　30号　●特集　頭屋　1977年12月15日発行　頒価2,000円(僅少)
頭屋祭祀の研究序説　堀田吉雄
東湖八坂神社の行事　上法香苗
会津田島祇園祭 —御覚屋制度について　室井博
手摑みに頂く御供 —熊野二木島祭　喜多慶治
奈良の宮座と行事　山田熊夫
土佐の頭屋と行子　高木啓夫
「大元申」について —島根県鹿足郡六日市町沢田の神事　安達彦吉

石見下須の頭屋祭り「万歳楽」　市場直次郎

まつり　31号　●特集　宗教民俗　1978年6月15日発行　頒価1,700円(僅少)

現代における宮座崩壊過程の一側面　―びわ町川道のオコナイを中心に―　中沢成晃
はやま祭りの託宣と神憑けの民俗　森川美佐子
三山禅定について　小林一蓁
神楽と修験道　ブッシイ・アンマリ
北谷三ケ村の大綱引　崎原恒新
聖なるもの　―巫女舞と産忌と　田中義廣
まつり総目次〈創刊号～30号〉

まつり　32号　●特集　奄美のまつりⅠ　1978年12月15日発行　品切

ショッチョガマと平瀬マンカイ　林蘇喜男
芦検の「種子おろし」行事　村田有佳
加計呂麻島の神祭り　登山修
徳之島の祖先祭　徳富重成
徳之島のムチムレ踊り　徳富重成
徳之島の十五夜　徳富重成

まつり　33号　●特集　奄美のまつりⅡ　1979年4月15日発行　品切

奄美の歌　仲宗根幸市
諸鈍芝居　徳永茂二
油井の豊年祭について　仲宗根幸市
芦検の稲摺節踊り　村田有佳
アカヒギ踊りについて　林蘇喜男
加計呂麻島の新節　―アラスィチ　登山修
沖之永良部の三十三年忌祭について　永吉毅
ムドゥトオについて　―沖之永良部島の「魂呼び」の習俗　永吉毅
与論島のシニュグとウンジャン　野口才蔵
喜界島の祭りと行事　三原昌嘉

まつり　34号　●特集　奄美の芸能　1979年10月15日発行　品切

奄美の音楽文化概観　小川学夫
網の子の「ムンジュル」と「アンドンデエ」　本田碩孝
蘇刈の棒踊り　本田碩孝
徳之島池間の棒踊り　徳富重成
畦布の獅子舞について　永吉毅
沖永良部の芸能　上平川の大蛇踊り　仲宗根幸市
収納舞・手々知名の遊び踊り・和泊町国頭の忍び踊り
　与論十五夜踊り　仲宗根幸市
奄美の八月踊り　―その形態と発生のことども―　恵原義盛
喜界島の民謡　三原昌嘉
随想・奄美の民謡　服部龍太郎
奄美のまつりごよみ　本田碩孝

まつり　35号　●特集　東海の芸能　1980年4月15日発行　品切

民俗芸能の研究　田中義廣
山岡における農村舞台　―岐阜県恵那郡山岡町―　青山勝
猿投祭と合宿　津田豊彦

関市春日神社の“童子やこう” 清水昭男
松坂のかんこ踊り 鷲野正昭
塚とまつりと寺院 名倉せいし
坂内村川上の太鼓踊り 松岡浩一
東海の民俗芸能〈講演〉 本田安次

まつり　36号　●特集　島の巡礼　1980年10月15日発行　品切
遠い島・近い島 田中義廣
五島新四国遍路考 増田正純
四国遍路と小四国など 武田明
淡路島の巡礼　大師信仰と十三仏霊場 中村雅俊
志摩の巡礼 上村角兵衛
佐渡の遍路 山本修之助
壱岐三十三ケ所佛まいり 目良亀久
地蔵尊の遊行習俗について 松崎憲三
「巡る宗教」の辺路と巡礼 五来重

まつり　37号　●特集　与那国島　1981年4月15日発行　品切
国境の島与那国の情緒 与那原真吉
与那国島の祭事 東浜永成・富里康子
与那国島の「神の月」 杉島敬志
与那国島のカンブナガ 本田安次
与那国のマチリと神器祭祀 植野弘子
与那国島比川の他界伝承をめぐって 伊藤良吉

まつり　38号　●特集　講ごとⅠ　1981年10月15日発行　頒価1,800円
城下町三春の別日講 鹿野正男
関東における出羽三山信仰 ―その分布と三山講の性格・諸相― 岡倉捷郎
青梅稲荷講今昔 石川博司
富士講 岩科小一郎
浄土真宗における巡回講 高谷純夫
春日講 山田熊夫

まつり　39号　●特集　講ごとⅡ　1982年6月15日発行　頒価1,800円
越前における講の若干例 斉藤槻堂
還暦を祝うクチアケ講 ―若狭野代の場合― 四方吉郎
大和念仏講について ―六斉念仏を中心として― 奥野義雄
奈良の十九夜講 山田熊夫
野神祭について ―奈良盆地の諸例― 米田豊
英彦山権現講 仏坂勝男
南九州の田の神講 ―若干の考察― 森田清美
三井楽の行者講と大師講 田中義廣

まつり　40号　●特集　信仰と芸能Ⅲ　1982年12月15日発行　頒価2,000円
三遠信霜月神楽と天白神 遠藤鉄樹
安波のシヌグ 尼江里子
疫神送りの諸形態 大森恵子
中世末期の荘園鎮守神の祭礼について ―特に丹波を中心にして― 久下隆史

民俗芸能明日への提言　千葉雄市
愛知県の棒の手と修験道　三浦昭二
まつりの文化構造について　田中義廣

まつり　41号　●特集　南と北　1983年10月1日発行　品切
印度紀行／ネパールへ／宇宙水霊／雪の東北へ／道祖神まつり／雪深き村／アイヌに会う／縄文の世界／神女の島／ししと念仏／出羽路の盆／風土と音楽　田中義廣

まつり　42号　●特集　獅子舞Ⅰ　1984年6月15日発行　品切
獅子舞について　本田安次
下北と南部八戸の獅子神楽　阿部進
仙台鹿踊の特色　千葉雄市
関東の獅子舞　神田より子
東信濃の風流系獅子舞　田口光一
信州伊那谷の獅子舞
　—飯田地方の舞楽系の獅子舞を中心として—　向山雅重
東海の嫁獅子　鬼頭秀明

まつり　43号　●特集　獅子舞Ⅱ　1984年11月15日発行　頒価2,500円(僅少)
津軽の獅子舞　神田より子
山形県温海町の獅子舞　—湯温海熊野神社を中心に—　佐藤光民
加賀・金沢の獅子舞　小倉学
飛騨荘川村黒谷の獅子舞　村中利男
伊勢の獅子について　—御頭神事を中心に—　堀田吉雄
大和の大神楽　—獅子舞にみる二つの展開—　奥野義雄
若狭の獅子舞　坂田孫一
但馬の鶴岡・轟の獅子舞　大森惠子

まつり　44号　●特集　獅子舞Ⅲ　1985年6月1日発行　頒価3,000円(僅少)
日本における獅子舞の源流について　水原渭江
沖縄の獅子舞　崎原恒新
福岡県の獅子舞　香月靖晴
佐賀の獅子舞　市場直次郎
鹿踊と牛鬼　真木一平
高知県の獅子舞　高木啓夫
讃岐の獅子舞　武田明
岡山県の獅子舞　佐藤米司
鳥海山麓の獅子舞　高山茂
獅子舞の世界　田中義廣

まつり　45号　●特集　神と佛　1985年10月1日発行　頒価1,500円(僅少)
神と仏—その習合の歴史　村山修一
オコナイにおける「神」と「仏」　中沢成晃
仏法の接近によるまつりの変容　岩田勝
イヅ山（聖地）とホリ山（葬地）を持つふる里の「神」と「仏」
永留久恵

まつり　46号　●特集　海とまつりⅠ　1986年6月15日発行　頒価2,000円
海神と恵比須信仰　新井恒易

宮古伊良部のヒダカン　比嘉康雄
紀州田辺のエビス祭り　濱岸宏一
茨城の浜降り祭　藤田稔
能登小木のトモバタ祭り　―能登半島の海上渡御祭―　小倉学
熊野・天大辺路の海のまつり　橋本親吉・杉中浩一郎
海の神にささぐ　―うちはれの秘儀―　堀田吉雄
倭の水入と海神のルーツ　―対馬の海神伝説より―　永留久恵

まつり　47号　●特集　海とまつりⅡ　1987年6月15日発行　頒価2,000円
東北地方日本海沿岸の山と海に対する信仰　戸川安章
陸中沿岸の海の信仰と女性　神田より子
若狭の海神　石井左近
海と夏祭　増井新助
志摩の海の神々　上村角兵衛
田辺闘鶏神社の夏祭　安部弁雄
こんぴら信仰について　武田明
貝を神体として祭る　―テラン当の神様　徳富重成

まつり　48号　●特集　太鼓　1988年4月15日発行　頒価1,600円(僅少)
日本の太鼓類　新井恒易
福岡県の太鼓芸能―豊前・筑前の楽を中心にして―　香月靖晴
下野館形屋台と祭囃子　山縣博司
太鼓の呪力　―虫送りと御霊信仰―　大森惠子

まつり　49号　●特集　若狭　1988年12月15日発行　品切
若狭の民俗芸能と祭　―付若狭祭礼暦　入江宣子
若狭紀行　〈文〉田中義廣〈写真〉三村幸一
風土とその芸能　橋本裕之

まつり　50号　●特集　稲とまつり　1989年2月11日発行　品切
笠傘抄　―風流考１―　田中義廣
稲籾の伝承　白石昭臣
大嘗祭の意義について　堀田吉雄
鹿の呪性について　水原渭江
駒宇佐八幡神社の百石踊　久下隆史
バリの稲作儀礼　永渕康之
稲とまつり　―風流考２―　田中義廣
天神祭とお迎人形　本田安次

まつり　51号　●特集　風流Ⅰ　1991年3月16日発行　品切
韓国の山神と海神　永留久恵
宗像大社と長手神事　山中耕作
風流面資料　後藤淑
神事渡物と田楽の風流　西岡芳文
延年の風流　本田安次
「阿波風流図」　檜瑛司
中京地方の山車　宇野通

まつり　52号　●特集　花(風流Ⅱ)　1991年7月15日発行　頒価1,800円(僅少)
花と風流　新井恒易

若狭のテントウバナ　永江秀雄
心の華　筒井寛秀
念仏風流と逆修　大森惠子
花と舞踊　田中義廣
ゲニモサイ　橋本鉄男

まつり　53号　●特集　浄化　1992年10月15日発行　品切
魂の浄まり　田中義廣
トビ・飛の木・富の木渡し　―桂祭りと予祝儀礼―　金田久璋
秋山郷の葬式　山田数雄
山麓にこだますシニーグ
　―沖縄本部町具志堅の行事うた―　仲宗根幸市
高野山の修正会　日野西眞定
シルクロード　―ゴビ沙漠一万一千粁の旅から―　水原渭江

まつり　54号　●特集　生きる　1993年6月15日発行　品切
“生きる”ために　田中義廣
仏教と翁式三番　新井恒易
備後上下地方の若宮　田中重雄
喜界島の洞窟葬跡ムヤ　本田碩孝
沖縄哭女考　佐藤善五郎
私の名前が生き残るために
　―西スンバ・コディ社会の石曳きと墓の建造―　倉田勇

まつり　55号　●特集　米　1993年10月15日発行　頒価1,800円(僅少)
日本の稲作の今明日　新井恒易
オコナイ「米」―湖北町延勝寺と山東町志賀谷を中心に―　中成澤晃
備後の神楽大夫と旧正月の旅かぐら　田地春江
粥の米　―滋賀県蒲生郡竜王町田中の年頭行事―　宮畑巳年生
中国浙江省仏寺の旅　竹鼻廣三
祭式からみた稲作の系譜　萩原秀三郎

まつり　56号　●特集　常世　1994年4月15日発行　頒価1,800円
積極的な魂を！〈序〉
出羽三山信仰にみる浄土観　戸川安章
韓国の死霊結婚をめぐって　竹田旦
大御葬歌　―モガリ　佐藤米司
常世と無常そして仙媛　堀田吉雄
かくり世の鎮魂　土井卓治
世界の墓めぐり〈一〉　田中義廣

まつり　57号　●特集　芸能の継承　1995年9月15日発行　頒価1,700円(僅少)
明日への継承〈序〉
民俗芸能の伝播と継承　―加賀白山麓の獅子舞を中心として―　小倉学
三信遠鬼考　久保田裕道
七尾デカ山祭と高岡御車山祭　宇野進
追儺・節分・修正会にみる「鬼」をめぐって　奥野義雄

まつり　58号　●特集　みそぎ　1996年9月15日発行　頒価1,600円(僅少)
継続と持続〈序〉

まつり 64号 ●特集 祭りと信仰 2003年2月28日発行 頒価1,700円(僅少)
奄美八月節祭りのワラ人形 下野敏見
知覧町門之浦の十五夜行事 本田碩孝
尾張天王祭の伝承と津島秋祭の発生 黒田幹夫
高野山奥の院の燈明信仰（一） 日野西眞定

まつり 65号 ●特集 民俗芸能を知る―田中義廣追悼号
2003年12月25日発行 頒価1,900円
思い出すままに ―まえがきに代えて― 鷲野正昭
田中義廣さんの追憶 竹田旦
田中義廣先生を偲んで 宮畑巳年生
『まつり』十一号編集の頃 伊藤良吉
田中会長と若狭 入江宣子
田中先生の行動力 山路興造
祇園祭と田中先生 大森惠子
民俗芸能論集 ―まつり通信既刊より 田中義廣

まつり 66号 ●特集 盆の芸能 2004年12月24日発行 頒価1,600円
盆踊りにおける浄瑠璃と歌舞伎の影響について
―口説音頭「鈴木主水」「宮城野信夫」を中心にして 大森惠子
若狭の六斎と念仏 坂本要
岩手の盆供養と民俗芸能 門屋光昭

まつり 67号 ●特集 アジアの民俗芸能 2005年12月24日発行 頒価1,800円
ブータンの仏教儀礼「ツェチュ」の構造について
―東ブータンのタシガンツエチュを中心に― 久保田裕道
ブータンの宗教世界観と祭礼 ―円環する時間と空間― 本林靖久
ブータンのまつり紀行・ブータンから 田中義廣
チベット芸能への旅 ―ラダックとネパールを訪ねて― 高山茂
韓国江陵市の江陵端午祭 尹光鳳

まつり 68号 ●特集 祝福芸 2006年12月20日発行 頒価1,700円
芸能民の歴史と諸相 ―門付け芸能民を中心に― 山路興造
鼓の音で明日の天気がわかる ―秋田万歳― 飯塚喜市
会津万歳師聞き書 鹿野正男
佐渡の春駒 山本修之助
越前万歳 堀立熙
三河万歳小史 ―土御門家との関係から見た― 林淳
伊予万歳と祝福芸 森正史
〈資料〉全国祝福芸現伝承地覚書 まつり同好会事務局

まつり 69号 ●特集 三信遠の民俗芸能 2007年12月20日発行 頒価1,800円
三信遠の民俗芸能 ―その研究視点― 山路興造
三信遠の霜月神楽 ―「湯立」と「湯ばやしの舞」を中心に― 山﨑一司
花祭・遠山霜月祭と天白神 ―勧請神・天白の動きをさぐる― 遠藤鉄樹
花祭キルメ考 久保田裕道
南信州の念仏踊り・掛け踊りその他 坂本要

まつり 70号 ●特集 続祝福芸 2008年12月20日発行 頒価1,900円
養蚕と春駒 ―群馬県利根郡川場村門前の春駒― 板橋春夫

加賀万歳　田中久雄
法花寺万歳　久下隆史
大和万歳について　鹿谷勲
八戸地方のえんぶり　蒔田健
祝福芸能の再生に向けての試演
　―東京・向島地区での「はるこま」を事例として―　上島敏昭
〈資料紹介〉伊六万歳の詞章　鷲野正昭

まつり 71･72号 ●特集 平成のお鍬祭り 2009年12月20日発行頒価2,500円

全体を見渡して
　平成のお鍬祭り　大島建彦
　「御鍬祭考」拾遺　木村直樹
　尾張のお鍬祭りについて　武藤真
　お鍬祭りの流れ ―神職から見たお鍬祭り―　山田壽二
行われた記録 ―尾張西部の市町村別概要
　甚目寺町の概要　内山伸也
　七宝町の概要　内山智美
　蟹江町の概要　大野麻子
　名古屋市の概要　武藤真
　愛西市の概要　石田泰弘
　津島市の概要　横井さつき
　弥富市・飛島村の概要　伊藤隆彦・服部一宏
　美和町の概要　鎌倉崇志
　稲沢市の概要　塚本ゆかり
　一宮市の概要　久保禎子
　清須市の概要　鎌倉崇志
行われた地区の実践記録例
　二子町定納のお鍬祭りの記録　櫻井茂麿
　高畑町御鍬祭り　中野良一郎・水谷武人
　平成一九年鵜多須町の御鍬祭　杉原康弘
　西條町御鍬祭（平成一九年丁亥）の記　後藤甫
　博物館のお鍬祭り ―地域の核としての新機能　武藤真
愛知県以外の御鍬祭
　お鍬祭りの外縁 ―富山市布尻・町長の場合　金田久璋
　美濃地方郡上地区の御鍬祭り
　　―順村の内容に芸能史を添えて―　清水昭男
資料　平成のお鍬祭り　尾張西部市町村別地区一覧　事務局

まつり 73号　まつり同好会50周年　本田安次賞特別賞受賞記念号
2011年12月20日発行 頒価1,600円

豊橋・安海熊野神社蔵能楽資料の調査と分析　林和利
『花祭』に至るまで ―早川孝太郎の歩んだ道―　伊藤敏女
神田祭と花祭　文化庁助成事業のふたつの事例　中藪規正
「奈良県十津川村の大踊り」からみた盆風流　坂本要
白山中居神社の春季例大祭
　―巫女舞と神輿渡御の古式を見る―　清水昭男

まつり 74号　●特集　記録･伝承と民俗芸能
2012年12月20日発行 頒価1,800円

越中・越後の稚児舞楽　水原渭江

まつり 82号 ●特集 祭礼の意匠 2020年12月25日発行 頒価2,000円

祭礼に見る蜃気楼意匠 津田豊彦

山車の彫刻 水野靖

まつり 83号 ●特集 愛知の信仰と芸能 2021年12月25日発行 頒価2,000円

山奥の小さな村の小さく光る宝物
—東三河「黒沢田楽」の半世紀前の記録から 米津俊裕

愛知県地方の雨乞いについて —高浜・刈谷の事例から— 天野卓哉

熱田神宮摂社南新宮社の疫病退散の祭事について
—近世江戸期を中心として— 野村辰美

附 まつり同好会 周年関連書籍

まつりの旅（まつり同好会20周年記念）田中義廣著
1981年11月22日 まつり同好会発行 錦正社発売 頒価2,500円

まつりの道（まつり同好会30周年記念）田中義廣著
1991年8月15日 まつり同好会発行 錦正社発売 頒価4,500円

まつりと芸能の研究 Ⅰ 田中義廣編 1982年2月20日
まつり同好会20周年記念刊行会発行 錦正社発売 頒価5,500円(僅少)

神楽研究をめぐる問題 石塚尊俊

霜月神楽考 本田安次

南部神楽 —その祖型と特色— 千葉雄市

二本松太神楽の系譜考 鹿野正男

庄内地方のシシ踊り雑観 戸川安章

能登の獅子舞考 —巡行する芸能集団としての性格— 小倉学

四国神楽研究序説 高木啓夫

椎葉神楽の神楽面から —悪尉面との関係について— 後藤淑

みちのくの山祭と山車 森口多里

やはり野におけ —富士信仰の一側面— 岩科小一郎

鳥追および養蚕祝言 新井恒易

家祈祷と土公祭文 岩田勝

津島神社御師の活動 伊藤晃雄

小野楽祭覚書 橋本鉄男

春日若宮おん祭の古今 山田熊夫

祭と雨乞 高谷重夫

霊験あらたかなる神威 佐藤米司

壱岐の島の人達の盆祭り 山口麻太郎

対馬・木坂八幡宮の祭祀と神観念 鈴木正崇

南日本のカミの出現 —ボジエ・メン・トシドン— 下野敏見

南島の山の神と海の神と 堀田吉雄

まつりと芸能の研究 Ⅱ 田中義廣編 1983年2月1日
まつり同好会20周年記念刊行会発行 錦正社発売 頒価7,500円

八日市、市辺薬師堂の修正会裸踊り 柴田實

新潟県のさいの神祭り 横山旭三郎

富山県の祭り 伊藤曙覧

ある山村集落の祭り一年
　　—福井県敦賀市奥麻生の場合—　朝比奈威夫
段嶺村年中行事　熊谷好恵
子供ザイレン　鷲野正昭
ヒンココ祭の過程　清水昭男
伊吹山地北辺の風流太鼓踊　松岡浩一
紀州のヤツハチ神事　小山豊
木津住吉神社の宮頭と田楽　—兵庫県多紀郡今田町木津—　久下隆史
相撲と民俗　—養父町の「ねってい」相撲から—　山田知子
宇部地方の盲僧について　伊藤芳枝
二艘の傀儡子船　喜多慶治
仮面・仮装を伴う佐賀の祭　佛坂勝男
海神祭と其の背景　—根謝銘城アシャゲ—　大城茂子
獅子舞源流考　赤田光男
アカマタ・クロマタ考　佐藤善五郎
宮古島南部地区の年中祭礼と社会変化
　　—下地町与那覇の事例から—　畑聰一郎
民俗芸能と村落社会
　　—三重県・山畑神事踊りの継承をめぐって—　伊藤良吉
花祭りの変貌と現状　—豊橋御幸神社を中心にして—　蒲池勢至
三信遠の祭事芸能の一考察　米津俊裕
屋台の祭りにおける役割
　　—千野館形屋台の観察を通して—　山縣博司
延年の音楽—歌謡を中心にして—　久野壽彦
尾張古社祭礼芸能史序説　加藤参郎
行動伝承としての民俗芸能　三隅治雄
山獄霊場と海人　—青峰山正福寺を中心として—　児玉允
葬と祭　五来重
沖縄の神女と村立て　仲松弥秀
草木への回帰　須藤功
遠野の民間信仰　—ザシキワラシ、手伝う神など—　菊池照雄
敦煌より発見の舞譜〈浣渓沙〉の解読
　　—舞譜研究第六稿—　水原渭江
民具の呪性　津田豊彦
岡山民俗館の成立と構想　土井卓治
日本の生産経済と民話　ジャン・エスマン

＊保管場所移動にともない、『まつり』をはじめ今号掲載書籍の在庫分を、会員限定特別価格で販売いたします。ご希望の方は次のメールアドレス、または奥付記載の連絡先にお申し込みください。

matsuri.society@gmail.com
販売価格　表示頒価の3割引き（送料込み）
割引販売期間　2023年9月30日申込まで

それぞれ新本ですが、古いものに関してはヤケ、スレ等見られる場合があります。あらかじめご了承ください。

売り切れの場合はご容赦ください。

編集後記

まつり同好会が正式に発足した一九六一年から数えれば、二〇二一年が六十周年だったことになる。しかしこの年はコロナ禍や諸般の事情で記念事業を行えなかったことは残念であった（そのあたりの事情は伊藤茂樹氏「『創立六十周年』を迎えた『まつり同好会』に思う」に詳しい）。六十周年を祝うには遅くなったものの、本号はその記念号として刊行した。

巻頭言「民俗芸能研究の六十年を振り返って」は、民俗芸能研究の学界動向や論争を検証しながら、まつり同好会の歩みを振り返るものでもある。今まで無自覚であったが、まつり同好会がどのような状況のなかを歩いてきたのか、改めて考えさせられる内容である。坂本要新代表を紹介するプロフィールも添えていただいた。

「まつり同好会六十年の思い出」には愛知県在住の津田豊彦氏と伊藤良吉氏、東京在住の伊藤茂樹氏にご投稿いただいた。それぞれ古くから活躍された会員であり、今まで知られていなかった逸話もご披露いただいた。

最初に述べた六十周年記念事業は奥三河・花祭をテーマに行う予定であった。金田新也氏の「私の花祭人生と花祭の今」は講演会でお話しいただく予定だったテーマである。同じく山﨑一司氏にも講演いただく予定だった内容の本誌掲載を予定していたが、惜しくも昨年末に亡くなられた。ご冥福をお祈りしたい。

また、鷲野正昭前代表は万歳に造詣が深いが、近年入手が難しくなっている著作二点を再録した。

「名古屋で発行された二つの郷土玩具番付」の著者長谷川洋一氏は名古屋市文化財保護室学芸員。名古屋で発行された全国の郷土玩具に関わる資料の紹介である。

なお、今号から岩田書院を通した販売も行うことになった。

H・T

まつり84号

特集　まつり同好会60周年記念

2023年(令和5年)3月1日発行

編集発行者　まつり同好会 代表　坂本 要

事務連絡先　matsuri.society@gmail.com

〒458-0006 名古屋市緑区細口3-161 田中方

印　刷　所　大日印刷株式会社

まつり同好会の案内

年会費　5,000円　前納制
隔月刊会報「まつり通信」・年刊機関誌『まつり』を配付。研究会・見学会等への参加、会報・機関誌への寄稿ができます。興味のある方はどなたでも入会可能です。
住所、氏名を記入し郵便振替にてお申込ください。

ゆうちょ振替口座　00830-6-673
ゆうちょ普通預金　店番21808　記号12170
番号33361721

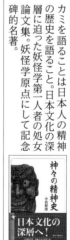